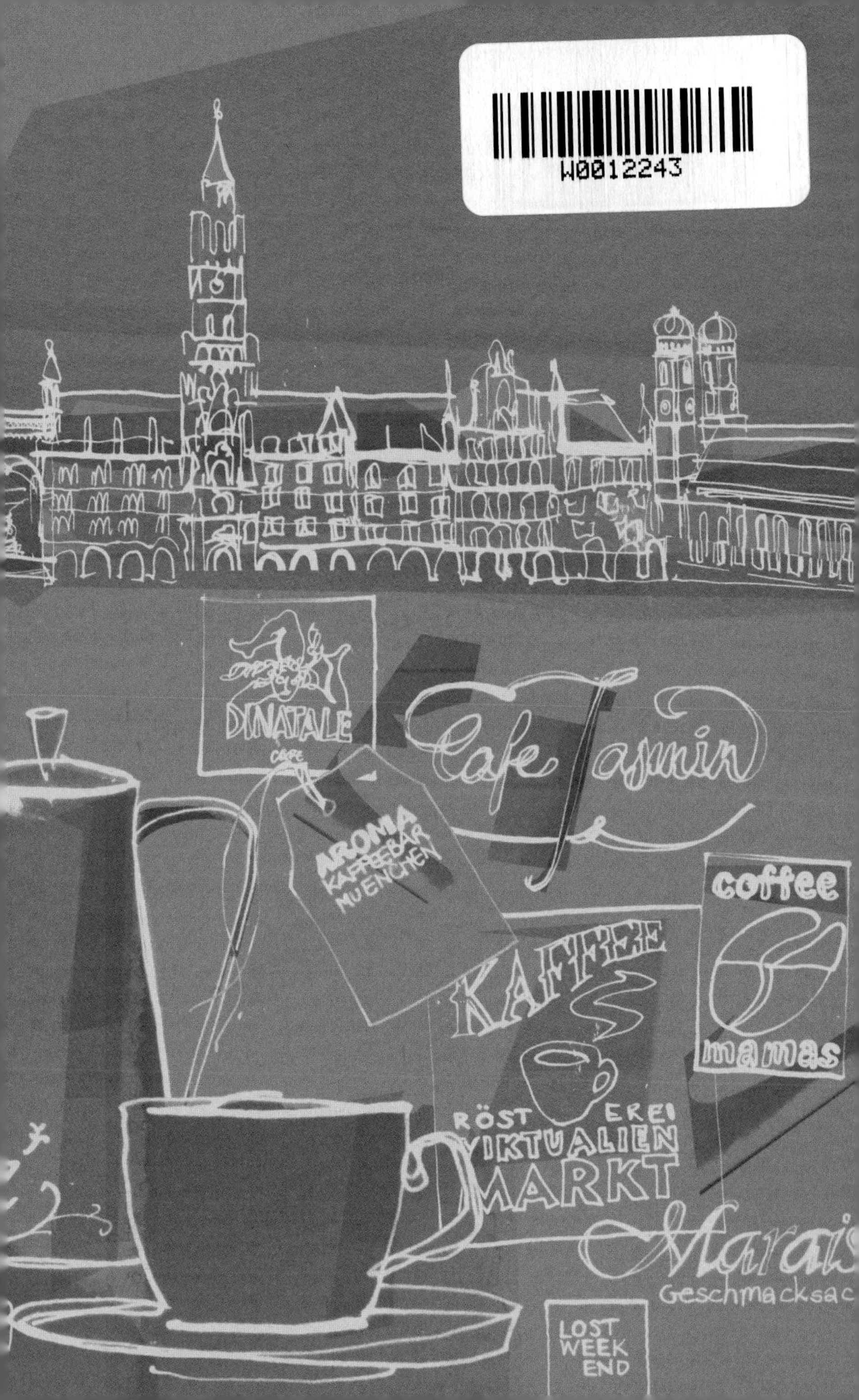

DINATALE
CAFE

Cafe Jasmin

coffee

mamas

KAFFEE

RÖST EREI
VIKTUALIEN
MARKT

Marai
Geschmacksac

LOST
WEEK
END

von Petra Kratzert

KAFFEEHAUS MÜNCHEN

Röstereien, Cafés und schöne Plätze

Juli '17

Meinem Schatz für
viele schöne und
besinnliche Stunden.

Dein

Michi

KAFFEEHAUS MÜNCHEN

Inhalt

Es rührt sich was in Münchens Tassen

Fast jeder trinkt täglich Kaffee. Egal, ob morgens zum Start in den Tag oder zwischendurch mit Freunden. Die Entscheidung, welcher Kaffee in die Tasse kommt, wird einem in der Gastronomie in der Regel abgenommen. Kaffee eben – hauptsache Koffein. Wenn es um Sonderwünsche geht, dann kreisen sie eher um die Milchvarianten à la Soja und Co. Niemand würde auf diese Weise einen Wein bestellen. Da wird es spezifisch. Schließlich gibt es Weine aus aller Welt, verschiedene Rebsorten und Charakteristika. All das wird in die Überlegungen darüber miteinbezogen, welcher edle Tropfen nun ins Glas kommt. Wein besitzt circa 400 Aromen, frisch gebrühter Kaffee über 800. Und Kaffee ist ebenso ein Produkt, das in seinen Bohnen Terrain, Klima und Veredelungstechniken speichert. Da ist es schon verblüffend, dass hier niemand fragt, ob man heute einen eher fruchtigen, säurebetonten oder einen würzigen-schokoladigen Kaffee möchte.

Die Zeiten ändern sich aber. Dafür stehen die vielen und stetig neu entstehenden Röstereien in und um München, in denen Baristas Kaffeeliebhaber beraten und mit neuen Aromen und Brühverfahren überraschen. Ein Barista ist vergleichbar mit einem Weinsommelier. Er beherrscht die sekunden- und temperaturgenaue Zubereitung frisch gemahlener Bohnen und weiß, wie er die vielfältigen Sorten entlang des Kaffeegürtels – geografisch: Afrika, Asien und Ozeanien, Nord-, Mittel- und Südamerika sowie die Karibik – behandeln muss, damit sie ihr Aroma perfekt entfalten.

Dieses Buch soll einen Überblick über Orte in und um München geben, an denen sich Menschen gutem Kaffee verschrieben haben. Sie rösten in Handarbeit hochwertige Spezialitätenkaffees, kreieren eigene Blends (Kaffeemischungen) für den perfekten Espresso oder haben sich mit einem eigenen Café den Traum erfüllt, die Menschen mit Qualität zu verwöhnen. Kaffee ist für diese Leute mehr als nur ein Produkt. Sie leben eine nachhaltige Wertschöpfungskette mit fairen Preisen für die Plantagenbauern, unterstützen ökologischen Anbau und soziale Projekte in den Bezugsländern. Diese ganzheitliche Liebe zum Kaffee ist an diesen Orten spür- und erlebbar.

Probieren Sie es aus!

MÜNCHEN
RÖSTEREIEN UND CAFÉS

Ooh Baby I Like It Raw.

J u n g   u n d   m i t   H e r z .

Hier gibt es keine Rohkost, wie man vielleicht bei dem Namen vermuten würde. Nein, hier gibt es guten Kaffee und eine hingebungsvolle Gastgeberin. Sie heißt Gianna Steigerwald, ist ausgebildete Erzieherin und Kindheitspädagogin, und hat im Herbst 2015 einen radikalen beruflichen Schnitt gemacht und innerhalb von vier Wochen ihren Traum vom eigenen Café verwirklicht. Es war einfach die Gelegenheit, die Immobilie unweit des Isartores am Rande des Szeneviertels Glockenbach zu mieten. Und weil es ganz so schnell ging, wollte ihr kein geeigneter Name einfallen. So wurde es dann eine Zeile aus ihrem Lieblingslied „Shimmy shimmy ya" von den Old Dirty Bastards: „Ooh Baby I Like It Raw". Das Café ist ein kleiner, heller Raum. Man fühlt sich sofort willkommen. Drei Manekineko, besser bekannt als Winkekatzen, grüßen aus dem Schaufenster. Die Sonne spiegelt sich im Blechfell. An der Wand hängen Handskizzen eines Studenten der Freien Kunst. Die Lampen darüber sind ebenso junges Design: geometrische Formen aus Draht, die andere besteht aus aneinandergereihten Reagenzgläsern. Wer etwas zu diesem Ort beisteuern will, kann dies gerne tun. Gute Produkte kommen auf das Holzregal an der Wand, auf dem schon ein lokaler Honig und Ingwersirup stehen. Markant im Laden ist die Theke mit maurischen Fliesen, aber halt: Die ist ja gar nicht echt, sondern eine Tapete, aber täuschend gut gemacht. So serviert die Gastgeberin auch gerne einen portugiesischen Galao, eine Art kleiner Milchkaffee, der im Glas kommt. Oder einen Cortado, ihr persönlicher Liebling, ein Espresso mit mehr Milch als bei Macchiato üblich und ebenso im Glas arrangiert. Auf der Cimbali brüht sie Kaffee des Münchner Rösters emilo. Sie hat sich einen Tag durch das große Sortiment probiert und für den Espresso „Gattopardo" entschieden, der 70 Prozent Robusta und 30 Prozent Arabica enthält. Die Bohnen stammen aus El Salvador und Indien. Der Vergleich mit der Raubkatze passt: Der hohe Anteil der koffeinträchtigen Robusta-Bohnen schafft Intensität mit feinen Zartbitternoten. Zum Kaffee bekommt jeder Gast ein Glas frisches Minzwasser und einen Kokoskuss serviert.

Unbedingt probieren:
den hauseigenen Cortado.

Dienstag bis Freitag: 8:30 bis 19 Uhr
Samstag: 10 bis 19 Uhr

Rumfordstraße 39, 80469 München,
Tel. 089-89052339, www.facebook.com/oohbabymuenchen

Vee's Kaffee und Bohnen.

Der Grand-Cru-Meister.

Vee war Ende der 90er-Jahre eine der ersten Röstereien in München. Gründer sind die beiden Physiker Kusaya und Wolfram Tismer, die in Kalifornien höchstpersönlich bei Alfred Peet den Umgang mit der Bohne lernten. Der gebürtige Niederländer Peet gilt in den USA als der Mann, der den Amerikanern das Kaffeetrinken beigebracht hat, er war der Wegbereiter des hochwertigen Spezialitätenkaffees. Die Gründer von Starbucks kamen auch aus seiner Schule. Der Name „Vee" leitet sich vom „V" von Victory ab. Und seitdem ist der Sieg bzw. Erfolg auf Seiten der Gründer. Das Ladencafé am Rindermarkt im Herzen von München läuft. Die Rösterei liegt in einer Produktionshalle in Taufkirchen. Wie ihr Vorbild Peet röstet Tismer deutlich dunkler bis die Öle austreten, die Bohnen dadurch glänzen und damit nach seiner Überzeugung aromatischer werden. „Bei zu kurzer Röstung fehlt bei zu hohem Säuregehalt die Fülle, bei zu langer verblassen die typischen Aromen und die Kaffees schmecken zunehmend ähnlicher", erklärt er. Tismer hat sich eingehend mit Herkunft und Züchtung der Kaffeepflanzen beschäftigt und sagt, dass es sortenreine Plantagen so gut wie gar nicht mehr gibt. Es seien immer Mischungen von zwei bis vier Pflanzen, außerdem haben die Farmer auch immer mehr gekreuzt, um die Erträge zu steigern. Tismer konzentriert sich daher beim Einkauf auf traditionelle Kaffeesorten aus hohen Gebirgsregionen, die langsam reifen und dadurch härter sind und sich damit für die intensivere Röstung eignen. Tismer prägte aufgrund dieser Kriterien den Begriff der „Grand-Cru-Kaffees" für sich, den er vom Weinanbau ableitete. Eine Kaffeemischung vergleicht Tismer mit der Komposition eines Musikstücks. Wie jedes Instrument beim Orchester erfüllt jede Sorte ihre Aufgabe. So gibt es unter den Kaffees „Bässe", die für mehr Fülle sorgen, „Oboen" mit nussigen Aromen, „Geigen" mit blütigen oder fruchtigen Noten und „Piccoloflöten" mit feiner Säure. Vees Wiener Röstung besteht beispielsweise aus neun verschiedenen Grand-Cru-Kaffeesorten. Bei richtiger Mischung ergibt sich – wie bei einem Orchester – ein Geschmackserlebnis mit höherer Komplexität, größerer Tiefe und mehr Länge. Im Laden am Rindermarkt läuft die italienische Röstung d'Oro über den Cimbali-Siebträger. Der Blend vereint Hochlandbohnen aus Zentralamerika, der Karibik und Ostafrika zu einem würzigen, schokoladigen Ergebnis. Auf der Stempelpresskanne können außerdem alle Filterkaffees verkostet werden.

Unbedingt probieren:
saisonalen Grand-Cru-Weihnachtsblend.

Montag bis Freitag: 9 bis 20 Uhr
Samstag: 9 bis 19 Uhr

Rindermarkt 17, 80331 München,
Tel. 089-230000070, www.vees-kaffee.com

Café Luitpold.

Das Café des Prinzregenten.

Das Café Luitpold im Luitpoldblock in der Brienner Straße, dem ehemaligen Fürstenweg zum Schloss Nymphenburg, ist eines der ersten Kaffeehäuser in München. Hier tranken schon Wassily Kandinsky, Loriot und
Ingrid Bergmann Kaffee. Mit der Genehmigung des Prinzregenten Luitpold von Bayern darf es seit seiner Eröffnung 1888 dessen Namen tragen.
Zur damaligen Zeit sprach man vom „Märchenpalast" „oder „Feenschloss".
Es war eine grandiose Inszenierung mit 20 Festsälen im Renaissance-,
Barock- und Rokoko-Stil. Dazu ein Tanzsaal und der damals größte Bil-
lardsaal Deutschlands. Leider wurde das Kaffeehaus im Zweiten Weltkrieg
weitestgehend zerstört. Dennoch konnte sich das Café erholen und die Lust
an gutem Kaffee in die Neuzeit übertragen. „Ich glaube ich wohne hier.",
äußerte sich Loriot damals zum Café Luitpold. In Europa gibt es nur wenige Orte wie diesen. Das Caffè Greco in Rom zählt dazu, das Gijón in
Madrid, das Procope in Paris und das Central in Wien. Voller Geschichte
und Geschichten. Die rote Bestuhlung im Außenbereich, die man als erstes
wahrnimmt, wurde entsprechend dem historischen Vorbild der 30er Jahre nachgebaut als das Café Luitpold Münchens erstes Boulevardcafé war.
2009 wurde die historische Natursteinfassade im Eingangsbereich aufwändig wiederhergestellt, so dass heute das Luitpold mit seiner Fassade von
1888 wieder zu sehen ist. Innen sitzt man nun unter Kassettendecken aus
weißem Stuck an Tischchen zwischen Vestibülen. Wenn man sich heute
im Café umschaut, ist es eine bunte Münchner Mischung, die hier eine
Kaffeepause einlegt. Und stilgemäß sollte es ein Filterkaffee sein. Den röstet
exklusiv als Haus-Blend die Münchner Rösterei Vits für das Luitpold. Es
ist ein vollmundiger, milder Kaffee, passend zum klassischen Ambiente.
Espresso und Co, auf der La Marzocco gebrüht, stammen aus der italienischen Alfredo-Linie der Hamburger Genuss-Dynastie Darboven.
Wer heute wie damals einen Rückzugsort sucht, um die Bohnen und den
Duft der vom Konditormeister Ziegler vor Ort produzierten Backwaren
zu genießen, setzt sich am besten in den Palmengarten, ein Atrium mit
Glaskuppel, Wasser, großen Leuchtkugeln, die von der Decke hängen, und
viel Grün.

Unbedingt probieren:
Hauseigene Kreation „Luitpold-Torte"

Briennerstr. 11, 80333 München,
Tel. 089-2428750, www.cafe-luitpold.de

Montag: 8 bis19 Uhr
Dienstag bis Samstag: 8 bis 23 Uhr
Sonntag: 9 bis 19 Uhr

Vom Märchenschloss zum modernen Kaffeehaus

Das Luitpold

1888
Das Märchenschloss

Das Café Luitpold
öffnet seine Pforten im
1812 unter Joseph von
Utzschneider erbauten
klassizistischen Kom-
plex. 2000 Menschen
finden hier Platz.

1911
Die Korken knallen

Prinzregent Luitpold
von Bayern feiert im
Café seinen 90. Geburts-
tag. Neben englischen
Langusten wurden
japanische Kakis und
Norwegischer Hummer
serviert.

1912
Künstlertreff

Wassily Kandinsky und
Franz Marc präsen-
tieren die Ausstellung
„Schwarz-Weiß" in der
Buch -und Kunsthand-
lung von Hans Goltz im
ersten Stock des Luit-
poldblocks.

1929
Film ab!

Im Luitpoldblock
eröffnet Münchens
größtes Kino. Die Luit-
pold-Lichtspiele haben
1.368 Sitzplätze.

1944
Bombenhagel

Nach dem Bombardement in der Nacht vom 18. Dezember 1944 gehen im Café Luitpold die Lichter aus. Achtzig Prozent des Luitpoldblocks sind zerstört.

1945
Weltstars zeigen sich wieder

Das Luitpoldtheater hat die Bomben relativ unversehrt überstanden. Schon im September 1945 werden wieder Filme gezeigt. Bald kommen Weltstars wie Ingrid Bergmann und Maximilian Schell an die Isar.

1962
Neubeginn

Marika und Paul Buchner erwerben den Luitpoldblock samt Kaffeehaus von der Staatsbank und eröffnen es 1962 wieder. Heute führt Dr. Stephan Meier das Café als Pächter.

heute
Unbedingt besuchen:

Unbedingt besuchen: Das kleine Museum Sammlung Café Luitpold erzählt die Geschichte der Kaffeehauskultur von 1888 bis heute. Täglich geöffnet von 10 bis 19 Uhr Der Besuch ohne Führung ist kostenlos.

Kaffeebar Patolli.

Von allem nur das Beste.

Wenn man das Patolli betritt, fragt man sich, ob man noch in München ist oder sich nach London gebeamt hat. Hier hat jemand viel Geld in einen hochwertigen Industrial Style investiert. Große schwarze Blechleuchten hängen dicht aufeinander über der Bar. Beim Bestellen liegen die Hände auf einer schwarzen, edel aufgerauten Steinplatte. Die Rücken der Gäste schmiegen sich an gepolsterte Wände aus warmem Rostrot. Der Lagerhaus-Chic wird von einer angedeuteten zweiten Etage mit einer roten Ziegelwand unterstrichen, die aber wegen der eingeschränkten Raumhöhe nur gebückt und wenn, dann nur vom Personal betreten werden darf.

Das alles, um gutem Kaffee ein stilvolles und gleichermaßen cooles Ambiente zu geben. Dies hatten die beiden Gründer Patrick Rountree und Oliver Jäger im Sinn. Dabei entstand der Laden aus der Not heraus, dass es in der Nähe ihres Arbeitsplatzes „keinen richtig guten Kaffee" gab, den man sich auf die Hand holen oder wo man eine kurze Auszeit einlegen konnte. Kurz entschlossen stürzten sich die beiden, eigentlich Zahnärzte im Hauptberuf, in das gastronomische Abenteuer, als die dazu passende Immobilie frei wurde. Es kostete sie nicht nur viel Geld, sondern auch viel Leidenschaft und Arbeit. So ist der Barname schlicht eine Kombination ihrer beider Vornamen Patrick und Oliver zu „Pat-olli". Passend zum hochwertigen Konzept haben sie sich für Kaffee der Ersten Tegernseer Rösterei entschieden. Als Standard läuft auf der DallaCorte pro der Espresso „Emma Forte". Ein Blend aus Plantagenkaffees aus Costa Rica, Indien, Java, Brasilien und Guatemala. Er ist eher mittelkräftig mit Walnuss und Schokolade auf der Zunge und kommt mit haselnussbraun getigerter Crema. Ergänzend dazu gibt es einen Kaffee des Monats, der geschmacklich in eine andere Richtung geht, zum Beispiel sehr fruchtig ist. Filterkaffee wird nicht ausgeschenkt.

<u>Unbedingt probieren:</u>
hausgemachte Ingwerlimonade.

Sendlinger Str. 62, 80331 München,
Tel. 089-89058312, www.patollis.de

Montag: 9 bis 19 Uhr
Dienstag bis Freitag: 9 bis 2 Uhr
Samstag: 10 bis 2 Uhr / Sonntag: 12 bis 2 Uhr

Kaffeerösterei Viktualienmarkt.

Der Pionier.

Bei schönem Wetter ist viel los auf dem Viktualienmarkt. Am Stand der Kaffeerösterei schlängeln sich die Menschen in Richtung Theke. Christian Müller und sein Team extrahieren die Kaffeearomen im 25-Sekunden-Takt. Der Espresso, die Hausmischung, ist nussig und kräftig. „Da gehört Körper mit rein und ein Schmelz wie bei flüssiger Schokolade". Italien perlt auf der Zunge. Genau das möchte Müller erreichen. Der Italien-Fan zählt sich zu den Pionieren der Café-Bars in München. 1997 gab es so etwas noch nicht in der Innenstadt, weiß er, es existierte nicht mal ein entsprechendes Genehmigungsverfahren beim Kreisverwaltungsreferat. Kaffee als Produkt, frisch gebrüht, über den Tresen gereicht und im Stehen getrunken. So einfach stellte es sich Müller vor. Schließlich bekam er einen Mini-Stand am Viktualienmarkt und eröffnete dort die erste Espressobar. Er importierte dafür exklusiv die Bohnen einer kleinen neapolitanischen Rösterei. Langsam etablierte sich die Café-Bar-Kultur am Markt und auch der Verwaltung gefiel die Idee, sie unterstützte ihn, das Geschäft auszuweiten: und schlussendlich selbst im Herzen von München zu rösten.

2014 eröffnete der heutige Laden mit kleiner Show-Rösterei am Viktualienmarkt. In der Maschine am Markt erstellt Müller die Röstprofile für die neu eingetroffenen Bohnen. Er bezieht seine Ware von kleinen Bauern mit nachhaltiger Landwirtschaft und muss immer wieder neu experimentieren, um den typischen Geschmack der Viktualienmarkt-Röstung hinzubekommen. Dazu gibt es frische Bio-Milch aus dem Berchtesgadener Land. Die schmeckt nach seiner Überzeugung viel feiner als die in Italien oftmals verwendete haltbare H-Milch, die vermeintlich am besten schäumt.

Ansonsten schwört Müller aber auf italienische Qualität. Der Kaffee wird in Mazzer-Mühlen portionsweise frisch gemahlen und im Sieb in der La Marzocco überbrüht. Dazu gibt es handgemachte Florentiner, die er von einem befreundeten Bäcker bezieht. „Die Kombi läuft super" – und so findet man nur bei Regen einen Sitzplatz auf der Rückseite des Standes. Dort kann man es sich auf einer kleinen Bühne mit Kaffeesäcken bequem machen.

Unbedingt probieren:
Münchner Affogato – doppelter Espresso auf Nusseis.

Viktualienmarkt Abteilung III/Stand 3/26, 80331 München, Tel 089-2609086, www.kaffee-muenchen.de

Montag bis Samstag: 8 bis 18 Uhr

Café Blá.

Ein Elfentraum.

In Island beginnt alles mit einem guten Kaffee. Im 19. Jahrhundert röstete dort jede Frau ihre Bohnen in der Pfanne selbst. Das Getränk gehört
zum Erfolgsgeheimnis des isländischen Lebensstils. Es ermöglicht den In-
selbewohnern, spontan und ungezwungen Zeit zusammen zu verbringen
und Herausforderungen gelassen zu überwinden. Man trinkt den Kaffee
dort nicht zu heiß, eher wohltemperiert und vor allem: Filterkaffee, Kaffee
schwarz. Die Röstungen sind eher hell und fruchtig. Sie schmecken ohne
Milch und Zucker.

Isländische Kaffeekultur kann man auch in München erleben: im Café Blá,
das die Isländerin Stephanie Bjarnason in der Au betreibt. Blá heißt Blau
in der Landessprache und so finden sich blaue, türkise und petrole Farb-
tupfen zwischen hellen Holzmöbeln, die mit vielen grauen Kissen gemütlich arrangiert sind. 90 Prozent der Isländer glauben an Elfen und so auch
Bjarnason. „Es ist keine Frage der Bildung, ob man sie für real hält. Das
tun fast alle Isländer", erklärt die junge rot-blonde Frau, die eigentlich als
Ingenieurin nach Deutschland gekommen ist. So heißt ihr Hausblend für
Espresso auch „Alfrun – Elfengeheimnis". Gemeinsam mit einem lokalen
Röster entwickelte sie die Mischung, die Beeren auf die Zunge bringt, aber
nicht zu fruchtig ist, und in der Verbindung mit Milch „nach einem Cookie
schmecken soll", wie sie beschreibt. Die zweite Espressosorte ist reinrassig,
heller geröstet und schmeckt fruchtiger. Sie ist für die Entdecker unter den
Gästen gedacht. Die zwei Filterkaffees sind Single Origin und wechseln saisonal. Sie bietet für neugierige Gäste auf der Karte das Duo – ein Espresso
im Vergleich mit einem Filterkaffee – und das Trio – Espresso, Cappuccino
und Filterkaffee – an. Dafür wird ein und dieselbe Bohne verwendet. Allein
durch die Zubereitung entfalten sich die geschmacklichen Unterschiede.

Unbedingt probieren:
die selbstgebackenen Zimtschnecken oder die Skyr-Torte
aus Quark mit Heidelbeeren.

Mittwoch bis Freitag: 9 bis 18 Uhr
Samstag: 9:30 bis 18 Uhr
Sonntag: 9:30 bis 17:30 Uhr

Lilienstraße 34, 81669 München
www.cafebla.de

Monaco Velo Club Café.

Koffein für Pedalritter.

Bald könnte der Giro d'Italia in München starten. Das hätte zumindest Heiko Wild gerne. Der passionierte Rennradler und Inhaber eines Radbekleidungsgeschäftes ist Gründer des ersten Radsport-Cafés in der Stadt, das an eine italienische Tagesbar erinnert. Seit März 2016 lässt er aus seiner Faema E61 eine dunkel-kräftige Illy-Röstung laufen. Der Original-Siebträger aus den 60er-Jahren ist eine Legende. Er war die erste Zweikreismaschine mit Wärmeaustauscher und fällt optisch durch die außen liegenden Brühgruppen auf. Das Gerät löste damals die bis dahin vorherrschenden Handhebelmaschinen ab und bestimmte das Bild in den Espressobars der 60er-Jahre. Heute ist es ein Hingucker im Tagescafé. Ganz im Stil der Maschine sind auch Theke und Küchenfront verchromt. Darüber hängt die Listino Prezzi mit den üblichen italienischen Kaffeespezialitäten und zur Straße hin steht eine Eistruhe mit Ballabeni-Eis.

Das Interieur ist voller Radsportgeschichte: Originaltrikots von Profis wie Erik Zabel, Alberto Contador und Jan Ullrich hängen eingerahmt an den Wänden. Ullrich kam sogar zur Eröffnung des Cafés. Daneben baumelt das rosa Rennrad von Contador, das er beim Sieg des Giro d'Italia 2008 gefahren ist. Aber auch der gegenwärtige Wettbewerb ist sichtbar: Auf der Strava-Ranking-Tafel sieht man, wer aktuell der schnellste Radler auf einer ausgewiesenen Münchner Rennstrecke ist. Die Mitglieder des Monaco Velo Clubs treffen sich hier zur Abfahrt für Touren und erhalten kostenlos Espresso und Cappuccino. Neben dem Laden gibt es eine Reihe von Radl-Parkplätzen in Form von speziellen Wandhaltern, auf die man die Rennräder hängen kann.

Das Tagescafé ist aber nicht nur für Radler offen, sondern typisch italienisch für jeden, der Lust auf guten Kaffee oder einen Spritz hat. Mittlerweile wagt sich die Nachbarschaft auch ganz ohne Radlerhose in den Laden und spricht mit Wild über die ganz normalen Dinge, die in der Au passieren.

Unbedingt probieren:
Pistazieneis von Ballabeni.

Montag bis Freitag: 12 bis 19 Uhr
Samstag: 10 bis 18 Uhr

Ohlmüllerstraße 5, 81541 München,
Tel. 089-44449211, www.monacoveloclub.de

Kaffeerösterei Vogelmaier.

Gebrüht wird am Fell-Bankerl.

Christiane Maier und Stefan Vogelgesang haben sich in der Mitte ihres Lebens gefragt, was sie eigentlich wollen. Die Konsequenz: Beide beruflich erfolgreich, machen die Kehrtwende, lösen sich aus ihren alten Jobs und beginnen noch einmal von vorne, als Praktikanten auf dem Themengebiet Kaffee. Über viele Jahre haben sie bei anderen Röstern zugeschaut, Schulungen besucht, sind in Anbauländer gereist. Jetzt leben und kultivieren sie ihr Wissen auf die bayerische Art. Das wird klar, wenn man ihr Café in Haidhausen betritt. Hier beginnen die Alpen. Schichtholz stapelt sich unter einem Regal, Fensterläden aus einem alten Bauernhaus sind mit alpinen Motiven bedruckt – sogar eine alte Scheunentür aus dem Berchtesgadener Land ist im Innenraum verbaut. Über der Theke hängt ein Erbstück von Maier, ein über 100 Jahre altes Geweih. Das Ladencafé ist nicht zu rustikal, sondern modern und freundlich mit Akzenten aus dem alpinen Landleben. Eine solche schöne bayerische Sache ist das Fell-Bankerl, das vor der Filterkaffeetheke steht. Darauf kann der Gast sich setzen und verfolgen, wie Stefan Vogelgesang die eigene Bestellung zubereitet. Er gießt kreisförmig das heiße Wasser über die gemahlenen Bohnen im Filter und wiederholt das immer wieder bis der Glaskolben darunter mit aromatischem Kaffee gefüllt ist. Im hinteren Bereich des Cafés steht der Röster, der alle zwei Tage läuft und in kleinen 5-Kilo-Chargen frisch geröstete Bohnen ausspuckt. Bislang kann man im Vogelmaier ein halbes Dutzend Kaffeesorten als Single Origin probieren. Vogelgesang und Maier rösten im guten Mittel und gehen nicht über den zweiten Crack hinaus. Sie wollen das Besondere der jeweiligen Bohne hervorbringen. Bald soll es auch zwei Hausmischungen für Filterkaffee und Espresso geben, sozusagen Viertel-Blends. Einstweilen hat sich die Haidhauser Nachbarschaft im Café schon eingestellt. Wenn es mal laut und lebendig wird, dann probt die Theaterakademie.

<u>Unbedingt probieren:</u>
Flat White mit äthiopischem Kaffee.

Dienstag bis Freitag: 8 bis 18 Uhr
Samstag: 9 bis 14 Uhr

Einsteinstr. 125, 81675 München,
Tel. 089-23747050, www.vogelmaier.de

Leone Caffé.

Der Kaffee mit dem Löwenkopf ist das Produkt eines echten Paten, eines sizilianischen natürlich: Michele Leone aus Catania, ein leidenschaftlicher Kaffeegenießer, vermisste den kräftig-würzigen Espresso seiner Heimat in München – nach dem Geschmack der arabischen Vorfahren, dem Feuer des Ätna, dem Salz des Meeres und dem fruchtigen Geruch der Zitronenbäume. Ein Wiener Freund röstete ihm auf einem alten Handröster einen Kaffee, der ihm Sizilien zurückbrachte. Dieser Mann war Bernhard Hofinger, zusammen mit Margot Hofinger Inhaber der heutigen Rösterei. Michele Leone wurde so Namenspate für die Rösterei, die in Holzkirchen sitzt und auch dort ein kleines Café betreibt. Der exklusiv für den Paten geröstete Espresso wird heute noch unter dem Namen „Imperatore" verkauft – und ist der beliebteste im Laden in der St.-Anna-Straße im Lehel. Er ist trotz des italienischen Temperaments nicht zu dunkel geröstet. Ob als Espresso oder Cappuccino schmeckt er mild und karamellig. Die kleine Kaffeebar ist bekannt bei Espressotrinkern. Immerhin hat das Leone täglich fünf Sorten in den Mühlen laufen. Da können sich die Gäste aus den umliegenden Büros durchprobieren. Gebrüht wird auf dem Faema-Siebträger mit den außenliegenden Brühköpfen. Das Leone hat neun Espressoblends und zwei für Brühkaffee im Portfolio. Der Rest der 40 Sorten sind Single Origins. Am liebsten werden aber die Mischungen getrunken. Sie sind nach Meinung von Margot Hofinger, die meistens hinter der Theke steht, vollmundiger und anschmiegsamer als es eine Einzelsorte sein kann. Dem österreichischen Erbe verpflichtet, röstet die Familie auch eine Kaffeemischung mit dem Namen „Wiener Tradition" aus süd-, mittelamerikanischen und afrikanischen Hochland-Arabicas.
So findet sich auch eine echte Wiener Melange auf der Karte. 50 zu 50 Kaffee und Milch, ein Liebling der weichen Kaffeefreunde. Dazu gibt es den Wiener Schmäh der österreichischen Besitzerin, die immer gern zu einem Gespräch aufgelegt ist – und auf die Hand einen Florentiner oder eine Engadiner Nussschnitte.

Unbedingt probieren:
Espresso-Degustation – drei verschiedene Röstungen.

Aktuelle Adresse und Öffnungszeiten
siehe www.caffeleone.de

Café-Bar Hoover & Floyd.

Mit und ohne Chichi.

Im Hoover & Floyd ist alles handverlesen: die eigenwillige Einrichtung und die Zutaten für Essen und Trinken. Inhaberin Andrea Sokol will, dass die Qualität bis ins letzte Detail stimmt. Auch wenn es optisch viel Schnörkeliges in der Café-Bar gibt – barocke Bilderrahmen, Blütenlampen und goldene Tapete –, ist ihr das Einfache am liebsten. Der Cappuccino wird daher ohne Blümchen oder Herzchen im Schaum serviert. „Kein Chichi, nur gute Zutaten", lautet das Credo von Sokol. Und das fängt schon beim Wasser an. In den San-Remo-Siebträger wird nur gefiltertes Wasser gepumpt. Gebrüht werden 100 Prozent Arabica-Bohnen von Segafredo „extra strong", ein rein in der Gastronomie erhältliches Produkt. Wer eine extra Dröhnung Koffein braucht, bekommt auch Pancaffe mit Robusta-Anteil. Sowieso passiert das, was über den Tresen geht, im direkten Austausch. „Was brauchst du?", fragt die Chefin einen suchenden Gast. Umgehend reicht sie ihm ein Glas Wasser für eine Aspirin über die Theke. Im nächsten Moment öffnet sie eine Flasche selbstgemachten Lavendelsirup. Das müsse man unbedingt im Espresso probieren. Der kurze Schwarze kommt im kleinen Glas. So sieht man schön die Crema, die locker einen halben Zentimeter einnimmt. Schon hält sie dem Gast einen Löffel mit Lavendelextrakt unter die Nase. Das duftet – hmmmm. Ein guter Teelöffel kommt in den Espresso und das harmoniert wirklich: das dunkle Rassige und das weiche, süße Blumige. Dazu nun am besten einen Schokoladenkuchen, dessen Teig mit echter Zartbitterschokolade und Kaffee sämig-glatt gerührt wird. Sokol kombiniert mehrere berufliche Leben in sich: Ihre Erfahrung als Moderatorin und als Ernährungsberaterin lebt sie im Hoover & Floyd erfolgreich aus. Wer noch mehr über die geschäftstüchtige Blondine herausfinden will, schaut einfach einmal in ihren Blog „Oh lala & So lala". Da gibt es auch jede Menge Kochvideos. Ihre Nähe zum Fernsehen zieht auch das produktive und kreative Publikum an. So mancher Glockenbachviertel-Promi zählt zu den Stammgästen.

Unbedingt probieren:
Espresso mit Lavendelsirup.

Montag bis Samstag: 10 bis 1 Uhr
Sonntag: 10 bis 23 Uhr

Ickstattstraße 2, 80469 München,
Tel. 089-26949015, www.hooverundfloyd.de

HOMEMADE
DATTELN
WALNUSSE
MANDELN

SESAM-SPINAT
MITCURRY +
TOMATEN
MOZZARELLA
SALAT   4,90

PANINO MIT
GEBRATENER
ZUCCHINI +
MOZZARELLA+SALAT
+TOMATEN   4,90

Schokokuchen mit Kaffee

nach einem Rezept von Andrea Sokol (Hoover & Floyd)

Zutaten:

250g weiche Butter
200g Zucker
2 x 100g Vollmilchschokolade
2 x 100g Zartbitterschokolade
4 Eier
ca. 150g Mehl
2 Tassen Kaffee (2. Durchlauf)

Zubereitung:

Die Schokoladentafel zerkleinern (am besten in der Verpackung) und mit dem heißen Kaffee (2. Durchlauf) übergießen. Gut rühren bis sich die Schokolade zu einer Masse vermischt (evtl. in die Mikrowelle stellen, bis alles vollständig geschmolzen ist). Anschließend gut abkühlen lassen.

Währenddessen die weiche Butter (nicht flüssig!) mit dem Zucker schaumig schlagen, bis eine weiße Masse entsteht. Dann die abgekühlte Schokolade dazu gießen und weiterrühren. Je nach Konsistenz ca. 150g Mehl dazugeben und alles gut verrühren.

Den Teig in eine vorgefettete Form gießen und ca. 25 Minuten bei 160 Grad Umluft backen. Den Kuchen herausnehmen, wenn er in der Mitte noch nicht ganz fest erscheint.

Guten Appetit!

REZEPT

Café Maria.

Liebenswerter Kulturclash.

Kaum einem ist bewusst, dass Maria, die Mutter Gottes, aus dem Orient kommt. Wird der Nahe Osten doch eher mit der arabisch-islamischen Welt gleichgesetzt. Dies erklärt die Inhaberin des Maria, Nadja Najib, gern. Sie muss es wissen, denn die Mutter Gottes stammt aus dem Nachbardorf ihres Vaters in der Nähe von Nazareth. „Wir haben geografisch die gleichen Wurzeln." Somit schließt sich der Kreis und man versteht, dass es stimmig sein kann, dass eine Original Altöttinger Marienstatue unter einem marokkanischen Gewürzregal steht. Es gibt auch eine kleine Marien-Ecke gegenüber der Theke, gewissermaßen einen Wandaltar, schließlich ist sie Namensgeberin und Schutzpatronin des Cafés. Von der Decke hängen orientalische Lampen und die Leute sitzen auf bunten jordanischen Stuhlkissen. Hier harmonieren Orient und christliches Abendland, weil es auch nicht um Religion geht. „Es kamen aber schon mal alte Frauen, die dachten, dass das hier ein Wallfahrtsort ist", schmunzelt Najib. Die Damen hat sie aber schnell wieder weiter in die nahestehende Kirche geschickt.

Najib, gelernte Juristin, erfüllte sich mit dem Café einen Traum, den sie mit viel Liebe für gute Produkte und ansprechende Optik täglich umsetzt. Geschirr, Besteck, Tabletts und Kännchen hat sie aus Orient-Urlauben in großen Koffern nach München geschleppt – oder einfach bei der Familie das ein oder andere Stück abgestaubt.

Den Mokka kocht die Chefin selbst. Sie bezieht dafür jordanische Bohnen von einem marokkanischen Händler, die sie ganz fein mahlt, im Grunde pulverisiert. Einen hohen Anteil des Pulvers kocht sie mit Wasser, Kardamom, Zimt, Vanille und braunem Zucker auf. Wenn sich der Kaffee unten abgesetzt hat, ist das süße und kräftige Getränk fertig. Im Sommer serviert sie den Mokka als Nous Nous halb mit Milch und auf Eiswürfel, im Winter in der kleinen Tasse auf einem Mini-Silbertablett. Es gibt aber auch sorgfältig auf der La Marzocco zubereitete Kaffeespezialitäten. Hierfür wird der Münchner Espresso No 2 des lokalen Rösters emilo verwendet. Auch hier harmoniert der Crossover: Dazu schmeckt das orientalische Gebäck, zum Beispiel eine Dattelschnecke oder ein Pistazienkuchen mit Heidelbeere.

Unbedingt probieren:
den selbstgemachten arabischen Mokka.

Dienstag bis Samstag: 8:30 bis 22:30 Uhr
Montag, Sonntag und feiertags: 9 bis 19 Uhr

Klenzestraße 97, 80469 München,
Tel. 089-20232745, www.dasmaria.de

Café Schneewittchen.

Weiß wie weiß.

Am Rande des Glockenbachviertels liegt ein bisschen versteckt das Schneewittchen. Von sieben Zwergen aber keine Spur. Hinter dem Namen verbirgt sich auch keine märchenhafte Kleinmädchengeschichte, sondern Design. Genauer beschrieben: reduziertes, puristisches weißes Design. So kam das Café zu seinem Namen. Das junge Ehepaar Kreuter, vor allem Gabriele Kreuter als studierte Architektin, hat sich darin verwirklicht. Der Innenraum, der sich auf zwei, durch ein paar Stufen getrennte Ebenen verteilt, ist komplett in Weiß gehalten. Da die Rückwände mit Holz vertäfelt sind, wirken die Räume dennoch warm. Man kommt sich vor wie zu Gast in einer edlen Münchner Altbauwohnung. In der Flucht nach innen blickt man in Kreuters kleinen Laden für Wohnaccessoires. Sie hat darin eine Kollektion geschmackvoller Haushaltsgegenstände zusammengetragen. Der lange, hell erleuchtete Flur dahin ist eine Art Papeterie. An der Wand hängen bunte Fahnen aus Geschenkpapier und allerhand Verpackungsmaterialien und Karten.

Vorne im weißen Café wird auf einer Cimbali Caffè Pol gebrüht. Das italienische Unternehmen Pol röstet seit über 50 Jahren Bohnen in der Hansastraße im Münchner Norden und beliefert vorwiegend die Gastro-Szene. Im Schneewittchen wird der Espressoblend „Elegance" ausgeschenkt, der aus sieben verschiedenen Bohnen aus Südamerika und Südindien besteht – die Mischung hat 20 Prozent Robusta-Anteil. In der Tasse kommt eine schöne Crema und eine angenehme Balance von süßen, bitteren und blumigen Noten an, mit einem leichten Karamell- und Schokoladenaroma. Zu jedem Kaffee gibt es eine lasierte französische Mandel aus eigener Produktion, zum Beispiel à la Crème Brûlée.

Unter der Woche ist es entspannt im Schneewittchen. Ein großer Fächer bunter Magazine liegt auf einem Tisch im Eingangsbereich. Eine ältere Dame liest ein Buch und genießt einen Milchkaffee. Am Tisch gegenüber surft eine junge Frau auf ihrem Laptop. Die Nachmittagssonne wirft ihre letzten Strahlen auf das braune Parkett. Man fühlt sich doch so ein bisschen hinter die sieben Bergen versetzt.

Unbedingt probieren:
die bunten Hausmandeln.

Dienstag bis Sonntag: 10 bis 19 Uhr

Am Glockenbach 8, 80469 München,
Tel. 089-38904059, www.schneewittchen-muenchen.de

coffeemamas Kaffeerösterei.

US-Style auf die milde Art.

Die besten Arabicas gedeihen in der Wärme der tropischen Berge. Zu ihrem Schutz, vor allem wenn sie noch klein sind, pflanzen die Kaffeeplantagenbesitzer große Bäume, die ihnen Schatten spenden und in denen sogar Zugvögel überwintern: die coffeemamas. So haben Rüdiger Pankrath und seine deutsch-amerikanische Frau Stefanie Hylton ihre Kaffeerösterei genannt. Sie haben der coffeemama ein Gesicht gegeben: Ihr Markenbild ist eine vollmundige farbige Schönheit, die einen dampfenden Becher Kaffee in der Hand hält. Ihre Geburtsstunde hatten die coffeemamas in Berlin, wo das Inhaber-Paar 1998 seinen ersten Laden eröffnete, den inzwischen eine Freundin betreibt. Bei der Gründung orientierten sie sich an den amerikanischen Coffee Shops. Hylton lebte einige Jahre in San Francisco. Dies spürt man auch im Münchner Laden – sowohl stylisch als auch bei den Extras rund um den Kaffee. Das Café ist in einem satten, ins Gold changierenden Oliventon gestrichen, unter übergroß dimensionierten Lampen trinken bunt gemischte Leute ihren Kaffee. Dazu gibt es natürlich Bagels. Die Jon-Hamm-Variante mit Pesto und Rucola outet das Paar als „Mad Men"-Serienliebhaber. Wer nachfragt, bekommt auch gleich einen Tipp für einen neuen US-TV-Import. Am besten wird die amerikanische Seele des Ladens aber darin offenbar, dass man seinen Kaffee auch mit Sirup verfeinern lassen kann. Das gibt es in keiner anderen Münchner Rösterei. Alles andere, der Kaffee, ist ganz und gar unamerikanisch, auch wenn er in einer US-Trommel erhitzt wird. Hier röstet der Chef eher lang, bis sich leichte Öle an der Bohne bilden. Das sei ein guter Geschmacksträger, sagt Pankrath. Es gibt drei coffeemamas House Blends: einen für Espresso, einen für Filterkaffee und einen Entkoffeinierten. Die weiteren zehn Sorten sind Single Origins – geschmacklich einmal rund um den Kaffeeglobus und in allen Varianten zuzubereiten. Entscheidend dafür, ob die Röstaromen sich über den Filter oder den Brühkopf des Siebträgers entfalten, ist der Mahlgrad, so Pankrath. Er hat keinen Laptop an den Röster angeschlossen, wie viele seiner Kollegen, sondern verlässt sich auf seine Nase, seine Augen und sein Gefühl. Die eher dunkle Röstweise mutet italienisch an: kräftig und würzig im Espresso. Als Filterkaffee gibt es den wechselnden Kaffee des Tages.

Unbedingt probieren:
Latte Mandel.

Montag bis Freitag: 7 bis 19 Uhr
Samstag: 9 bis 18 Uhr

Lindwurmstraße 46, 80337 München,
Tel. 089-20328287, www.coffeemamas.de

Conceptstore Phasenreich.

Die Tugendhaften.

Es waren einmal zwei tugendhafte Mädchen, sie hießen Shino und Bianca und sie träumten von ihrem eigenen Reich, einem Ort, an dem es nur die guten und schönen Dinge gibt. Bezeichnenderweise in der Reichenbachstraße erfüllte sich ihr Traum. Dort eröffneten sie im Oktober 2016 ihr Phasenreich, eine Mischung aus Öko-Boutique und Café. Die beiden Gründerinnen kommen aus der Modebranche und hatten schon früh einen Bezug zu Bio und Nachhaltigkeit. Shinos Eltern waren Mitbegründer der Naturkostbranche in Deutschland.

Wer das Reich betritt, findet im vorderen Teil Kleidung aus Bio-Materialien und ausgefallene Produkte wie eine Solarladestation für das Handy in Form eines Baumes. Im hinteren Bereich ist das Café angesiedelt. So hat man gemütlich aus dem Sessel den Laden im Blick. Besonders praktisch für Pärchen, bei denen ein Teil beim Shopping schlapp macht und lieber einen Cappuccino schlürft. Shino und Bianca schenken nachhaltigen Rapunzel-Kaffee aus und variieren dazu eine große Bandbreite an vegetarischen und veganen Milchprodukten. Man bekommt den Cappuccino zum Beispiel mit Macadamiamilch. „Wir sind keine ausgebildeten Baristas", erzählt Shino entschuldigend. „Manchmal wird der Schaum gut und manchmal sind noch ein paar Blasen drinnen." Als Siebträger fungiert eine Carimali. Sie extrahiert aus den Rapunzel-Bohnen einen würzigen, kräftigen Espresso. Außer den Klamotten ist im Laden nichts neu. Möbel und Kisten zur Auslage sind Unikate oder Upcycling-Ware. Preisschilder und To-Go-Becher sind aus Recycling-Papier und selbst mit dem Logo gestempelt. Und noch besser: Die Preisschilder bestehen aus Samen-Papier. Wo es eingepflanzt wird, können Wildblumen wachsen.

Im Phasenreich gibt es reichlich Punkte für das Karma. Und das funktioniert so: Wer regelmäßig dort shoppt und so eine Stempelkarte füllt, erobert eine Tugend für sich, zum Beispiel die Unschuld, und erhält einen Phasenreich-Kunstdruck, der exklusiv von einer Grafikerin gestaltet wurde. Und für ihr eigenes Karma spenden die Besitzerinnen je ausgefüllter Kundenkarte zwölf Euro an eine gemeinnützige Organisation.

Unbedingt probieren:
selbstgemachten Frappé im Sommer.

Reichenbachstraße 23, 80469 München,
Tel. 089-55267138, www.phasenreich.net

Dienstag bis Freitag: 10 bis 20 Uhr
Samstag: 11 bis 20 Uhr

emilo Spezialitätenrösterei.

Der minimalistische Gigant.

Die Geschichte von emilo Kaffee ist eine Erfolgsstory von zwei jungen Burschen, deren Bohnen es mittlerweile bis in Coffee Boutiquen in Singapur geschafft haben. Mit 22 Jahren gründet Emanuel Clemm zusammen mit seinem Kindheitsfreund Michel Brohmeyer die Spezialitätenrösterei in München. Mittlerweile rösten sie auf einem 70-Kilo-Trommelröster in den ehemaligen Togal-Werken im Münchner Osten. Bei aller Größe und der immensen Nachfrage nach emilo Kaffee sind die Cafés in der Münchner Innenstadt eher klein geblieben – und werden sehr persönlich von den Barista gemanagt. Der Laden in der Buttermelcherstraße im Glockenbachviertel bringt es gerade mal auf neun Quadratmeter Verkaufsfläche. Der Gehsteig gehört quasi zum Café dazu: beim Anstellen oder wenn man sich auf die Bänke davor setzt. Der „Wilde Filser" steht hier nicht nur als Barista physisch am Ausschank, sondern auch als Espressomischung im Regal. Emilo hat dem beliebten Mitarbeiter einen kräftigen Blend aus halb-halb indonesischem Robusta und indischem Arabica auf den Leib geröstet. Am beliebtesten bei der Kundschaft und immer im Ausschank im kleinen Tagescafé sind der Gattopardo – mit 70 Prozent Robusta eine echte Wildkatze in der Tasse, fein schokoladig mit einem Hauch Karamell – und der Münchner Espresso No 2, der bayerisch ausgewogen ist und gut mit Milch harmoniert. Bei emilo hat jeder Kunde eine Aufgabe, die er gar nicht so leicht lösen kann bei rund 45 Sorten, nämlich: „Finde Deinen emilo", lautet der Slogan der beiden Gründer. Das breite Sortiment ist aus der Lust heraus gewachsen, immer etwas Neues bieten zu können. In ihrer Tierwelt-Linie etwa bilden sie die Patenschaft für den kleinen Eisbär Nela aus dem Tierpark Hellabrunn ab: mit der eigenen Röstung Orso Bianco, ein äthiopischer Kaffee, der besonders gut auch als Eiskaffee funktionieren soll. Dazu gibt es noch ein Geschwisterchen, den Espresso Orso Polare, der im wahrsten Sinn des Wortes mit viel Robusta-Anteil bärenstarke Intensität freisetzt.

Unbedingt probieren:
den hausgemachten Marmorkuchen.

Buttermelcherstraße 5, 80469 München,
Tel. 089-6797122-0, www.emilo.de

Montag bis Freitag: 7 bis 18 Uhr
Samstag: 9 bis 18 Uhr

Weitere Filiale am Odeonsplatz

Kaffeebar Aroma.

K r a m e r l a d e n   m i t   M u c k e f u c k .

Das Aroma kennt fast jeder. 1998 öffnete es als erste Kaffeebar im Münchner Glockenbachviertel. Damals war es noch ein winziger Raum, heute ist es mit dem angeschlossenen Kramerladen mehr als doppelt so groß, vermittelt aber immer noch die Gemütlichkeit, als würde man ein Nest betreten: einen Mikrokosmos der kleinen feinen Dinge, die gut riechen, schmecken oder hübsch anzusehen sind. Man muss sich einen Augenblick Zeit nehmen, um sich an das schummrige Licht zu gewöhnen und die vielen Details der Einrichtung wahrzunehmen. Gleich rechts hinter der Eingangstür hängen unzählige Sonnenbrillen. Die sammelt Inhaber Jürgen Altmann für Menschen im Himalaya, die sich selbst keinen Schutz gegen die starken UV-Strahlen leisten können. 18.000 hat er mittlerweile verteilt. An der Wand entlang bis zur Theke erfährt man mehr über dieses sogenannte „Shades of Love"-Projekt und taucht aber auch gleichzeitig in die Aroma-Welt ein. Alles ist hübsch dekoriert. Der Milchreis ist in ein Miniatur-Einmachglas gefüllt. Man nimmt sich einfach eines vom Regal und bezahlt an der Bar – und bestellt gleich noch den Kaffee dazu. Doch wer weiß eigentlich, dass die Bohnen im Aroma aus eigener Röstung stammen? Der Ruf, dass es hier guten Kaffee gibt, ist nicht von ungefähr. Altmann entwickelte zum Start des Cafés gemeinsam mit einem regionalen Röster die verschiedenen Aroma-Kaffeesorten. Der Espresso ist seit ein paar Jahren bio und setzt sich aus Bohnen aus Brasilien, Äthiopien, Indonesien und Indien zusammen. Man hat Schokolade auf der Zunge mit einem Hauch von Mandellikör. Der Filterkaffee wird von Hand gebrüht: Man kann zwischen dem Hauskaffee (mild und säurearm) und dem Kaffee der Woche wählen, der sortenrein und damit charakteristisch je nach Region schmeckt. Im Aroma bekommt man auch eine echte Rarität: einen Muckefuck (Getreidekaffee) aus eigener Röstung, der ein Geschmackserlebnis ist, wenn man bislang nur herkömmliche Industrieware probiert hat. Altmann will auch zeigen, was andere deutsche Röster können und hat immer einen wechselnden Gaströster im Angebot, zum Beispiel einen eher skandinavisch und hell ausgerichteten Bohnenveredler aus Berlin.

Unbedingt probieren:
selbstgebackene „Alm Cookies" mit Cranberry, Hafer und Schokolade.

Montag bis Freitag: 7 bis 22 Uhr
Samstag: 9 bis 22 Uhr
Sonntag und feiertags: 9 bis 20 Uhr

Pestalozzistraße 24, 80469 München,
Tel. 089-26949249, www.aromakaffeebar.com

Kaffeerösterei Vits.

Rein und ursprünglich.

Bei Vits passt der Slogan „Der Kaffee". Geschäftsführer Alexander Vits möchte den Kaffee in seiner reinen und ursprünglichen Art zur Geltung bringen, um das Charakteristische wahrnehmbar zu machen. Es geht ihm um ein stimmiges Gleichgewicht zwischen Säure, Bitterkeit und Aromatik, ein in sich rundes Geschmacksbild. Und gerade bei den Espressoröstungen will er es mit der Fruchtigkeit nicht übertreiben. Er weiß: Der Münchner, in der Gattung Kaffeetrinken gefühlter Halb-Italiener, mag nicht, wenn der Cappuccino nach Johannisbeere oder Heu schmeckt. Vier Espressoblends gibt es im Vits-Portfolio: Nummeriert von No 1 bis No 4. Die Nummer 4 hat kaum Frucht, ist cremig, vollmundig und schokoladig. Die Nummer 3 ist der etwas stärkere „Italiener", eine klassische, eher dunkle Röstung mit Robusta-Anteil. Nummer 2 ist nussig und kräftig, die Nummer 1 leicht fruchtig, aber auch süßlich-karamellig.

Die Karte bietet auch ein Filterkaffeemenü. Gebrüht wird mit dem V60-Filter. Unter der Woche ist die Nachfrage eher gering, dafür sind die Münchner am Wochenende um so experimentierfreudiger. Am Samstag kümmert sich ein Mitarbeiter nur um das Handbrühen von Filterkaffees. Um sich auf so eine Tasse Kaffee einzulassen, nimmt man sich am besten etwas Zeit und setzt die Erwartungshaltung hinsichtlich des typischen Kaffeegeschmacks komplett zurück. Auf der kleinen Karte sind die wichtigsten Anbauländer vertreten, mit Bohnen von ausgesuchter Qualität und sortenrein, zum Beispiel „Guji Diima natural" aus Äthiopien: reife Blaubeere, schokoladig, nussig, süß, voller Körper – oder aus Kolumbien der „Huila Blanca Rojas washed", der süß, nach Steinfrüchten und Ananas schmeckt.

Im Vits verweilen viele gerne. Neben den Tassen stehen Laptops, ein Mann sitzt im Sessel und liest die Süddeutsche Zeitung, eine junge Frau schreibt auf einen Block. Die Seite zur Straße ist eine bodentiefe Glasfront. Im hinteren Bereich des Cafés steht der Trommelröster, Kaffeesäcke liegen am Boden, in beschrifteten Boxen sind die gerösteten Bohnen verstaut. Das Licht stömt hell, aber ein bisschen diffus in den Raum. Es wird von den Blättern einer zwei Meter großen Kaffeepflanze gefiltert. Als Vits sie von einem Gast geschenkt bekommen hatte, war sie nicht einmal die Hälfte und sah aus als würde sie eingehen. Dank der Pflegetipps direkt von einem südamerikanischen Kaffeebauern blüht sie nun und trägt Früchte.

Unbedingt probieren:
wechselndes Filterkaffeemenü.

Rumfordstraße 49, 80469 München,
Tel. 089-23709821, www.vitsderkaffee.de

Montag bis Freitag: 8 bis 19 Uhr
Samstag: 10 bis 18 Uhr

Man versus Machine Coffee Roasters.

Die Fruchtigen.

Man versus Machine meint es ernst mit Filterkaffee. Und das weiß auch die Umgebung. Es kommen viele explizit deswegen in den Laden in der Müllerstraße. Nicht um Cappuccino zu trinken, wie ausnahmslos in fast allen anderen Cafés Münchens. Wobei es sich auch hier lohnt, die italienischen Klassiker zu probieren. Mit der Röstweise von MVMS kommen sie geschmacklich noch einmal anders rüber, nämlich würziger. Marco Mehrwald und seine Frau Conny sind Fans der hellen Bohnen. Guter Kaffee muss fruchtig schmecken – immer. Und darf nicht bitter sein. Das ist die Überzeugung der Mehrwalds. Die beiden sind kaffeesensorisch skandinavisch geprägt. Daher beziehen sie den Großteil ihrer Bohnen über einen norwegischen Importeur. Das, was bei ihnen in die Tasse kommt, ist saisonales Geschäft. Fünf bis sieben wechselnde Sorten hat MVMS kontinuierlich im Sortiment, darunter aber nur eine eigene Mischung. Mehrwald ist kein Blend-Fan, weil nach seiner Ansicht die verschiedenen Bohnen darin nie perfekt extrahiert werden können. „Man erwischt vielleicht eine Sorte ideal, für die anderen beiden ist es zu früh oder zu spät." Zurück zum Blend: Der Espressoblend „sure shot" wechselt zwar immer wieder in seinen Bestandteilen, weil Mehrwald nicht immer den gleichen, sondern den jeweils aktuell besten Kaffee nach Verkostung einkauft, enthält aber immer viel Körper und fruchtige Süße. Robusta-Bohnen gibt es im MVMS nicht. Es werden nur hochwertige Arabicas ausgeschenkt und Bohnen, die bei der Beurteilung nach der „Specialty Coffee Association of America" mit über 85 Punkten verkostet wurden, was für ausgezeichnete Spezialitätenkaffees steht. Bei diesen relativ hell gerösteten Bohnen kann der Kunde zur Extraktion zwischen Pourover im Keramikfilter, Aeropress und Syphon oder Batch Brew mit einer neuen schwedischen Brühmaschine wählen, die laut Mehrwald ein so erstaunlich gutes Ergebnis bringt, dass er seinen Filterkaffee nur noch so trinkt. Der auf diese Weise gebrühte Kenianer schmeckt süß nach Maracuja und roter Johannisbeere.

Auch wenn der Laden im Industrial Design stylisch daherkommt, treffen sich hier nicht nur Hipster: Vor der Tür sitzen zwei Latino-Mamas, daneben eine ältere Dame, die wissen muss, wie guter Filterkaffee schmeckt. Und täglich stoppen hier auch die Jungs von der Müllabfuhr zur Kaffeepause.

Unbedingt probieren:
Coldbrew mit Orangenschalen auf Eis; Bananenbrot mit Butter und Salz.

Weitere Filiale in der Adalbertstraße 10

Montag bis Freitag: 8 bis 18 Uhr
Samstag: 9 bis 19 Uhr

Müllerstr. 23, 80469 München,
Tel. 089-80046681, www.mvsmcoffee.com

Rösterei & Café gangundgäbe.

Eine Oase der Selbstverständlichkeit.

Wer das gangundgäbe betritt, befindet sich kurz darauf in der absoluten Selbstverständlichkeit. Man fühlt sich sofort wohl. Nichts drängt sich auf. Die Farben sind gedeckt, von der Decke baumeln grüne Industrialleuchten, die mit ihren bauchigen Glühbirnen den Raum in ein warmes Licht tauchen. Das Mobiliar steht locker im Raum verteilt. Holzstühle und Tische mit Geschichte, wie das Klavier aus den 20er-Jahren, das an die Wand gerückt ist. Es scheint, als sei hier alles nach und nach organisch in das Café hineingewachsen. So wie Besitzer und Gastgeber Andreas Postrach selbst. Er hat eine lange Reise entlang der Bohne hinter sich. Der Mittdreißiger hat eigenhändig in Ecuador mit einer Kaffeekooperative gearbeitet und sich über viele Jahre an verschiedenen Orten mit der Vielfalt und Qualität des Produktes auseinandergesetzt, bis er 2015 den Schritt gewagt und eine Rösterei mit Ladencafé eröffnet hat.

Die gangundgäbe-Bohne wird direkt, transparent und fair gehandelt. Er finanziert sogar die Ernte der Bauern in beispielsweise Ecuador oder Honduras mit vor und besucht immer wieder die Kooperativen. Dieser bewusste und nachhaltige Umgang mit dem Naturprodukt Kaffee ist für Postrach selbstverständlich – gang und gäbe eben. Man fühlt die Wertschätzung für die Bohne im ganzen Café. Nichts lenkt vom Thema Kaffee ab. Es gibt nur ein kleines Gebäck zum Gedeck, ansonsten alle Spielarten der Kaffeezubereitung mit einer eigenen Espressomischung nach Wahl: entweder eher hell, fruchtig und säurebetont oder dunkel und damit nussig-schokoladig. Im hinteren Teil des Ladens steht groß und schwarz die Röstmaschine Giesen, dahinter die braunen Säcke mit den Bohnen. Zweimal die Woche wird sie angeworfen und die Bohnen so veredelt, dass sie auch ohne Milch und Zucker in der Tasse schmecken. Postrach tüftelt vor allem an milden hellen Kaffeeröstungen. Mit dem Handfilter oder als Cold Brew zubereitet und über längere Zeit ziehen gelassen, schmeckt man bei der Bohne aus Honduras Zitrusfrüchte und Karamell heraus. Im Grunde erinnert dieser Umgang fast schon an Tee.

Unbedingt probieren:
die Eigenkreation „Piccoccino", ein kleiner kräftiger Cappuccino im Glas serviert.

Montag, Mittwoch, Donnerstag: 8 bis 17 Uhr
Dienstag, Freitag: 12 bis 17 Uhr

Kapuzinerstr. 12, 80337 München,
Tel. 089-55278343 , www.gang-und-gaebe.de

Café Barer 61.

Unaufgesetzt lässig.

Das Barer 61 findet man immer, schließlich ist der Name gleichzeitig auch die Adresse. Es ist in der Studentenszene und in der Nachbarschaft bekannt wie ein bunter Hund. Das liegt daran, dass man vor den großen Schaufenstern den ganzen Tag in der Sonne sitzen kann – genauso auch auf den Fensterbänken im Innern. Es liegt auch daran, dass der zusammengewürfelte Retro-Vintage-Mix schillernd, aber auch unaufgesetzt lässig wirkt. Und es liegt an der Qualität der Produkte. Avni und Barry Berisha sind die Barer-Brüder, Multi-Gastronomen, und trinken gern guten Kaffee. Von Anfang an haben sie in ihrem ersten Laden auf Barista-Niveau gearbeitet und wissen, dass ein perfekter Espresso nicht nur von der Bohne abhängt, sondern genauso von Mahlgrad, Durchlaufzeit und einer Profimaschine. Das halten sie seit der Eröffnung an einem Freitag, dem 13. so, damit weiterhin nichts schief läuft. Auf der Dalla Corte pro brühen sie Bohnen des italienischstämmigen Rösters Pol, der im Münchner Norden produziert und vorwiegend die Gastro-Szene beliefert. Sie verwenden den Espresso Blend Elegance, in dem Bohnen aus sieben Anbaugebieten zusammenfinden und eine angenehme süß-karamellige Balance bilden. Im Ausschank wird nicht an Kaffee gespart, im Gegenteil, die Berishas legen Wert auf satte Mengen, damit sich die Aromen entfalten können. In den großen Milchkaffee kommt so ein doppelter Espressoshot. Filterkaffee gibt es keinen, dafür fehlt der Platz. Stattdessen aber frisch gepresste Säfte, die Barry saisonal immer wieder neu kombiniert und für die eine eigene Ecke eingerichtet ist. Mit dem Kaffee in der Hand kann man sich ein Plätzchen an den großen Tischen oder auf den Sofas suchen. Hier ist einfach dazusetzen Programm: Rastamann neben Ethno-Oma, daneben Uni-Professor mit Nase in der Zeitung und Mutter mit Kind auf dem Schoß. Jeder ist willkommen und wird persönlich begrüßt, sobald man die Glastür öffnet.

Unbedingt probieren:
frisch gepresster Saft „Barry Classic".

20

Montag bis Freitag: 7 bis 22 Uhr
Samstag und Sonntag: 8 bis 22 Uhr

Barer Straße 61, 80799 München,
Tel. 089-32602496, www.barer61.de

Café Dinatale.

Zehn Minuten Sizilien.

Um die Mittagszeit kommt man in das Dinatale in der Amalienstraße kaum hinein. Die Menschen stehen bis auf den Gehsteig raus. Männer in Anzügen, dahinter zwei ältere Damen, gefolgt von einer Gruppe Studentinnen. Das Anstellen muss sich also lohnen. Das Dinatale ist ein kleiner italienischer Kosmos. Hier wird jeder mit Signora oder Signore angesprochen, die Barista tragen weiße Hemden, schmale schwarze Krawatten und schwarze Schürzen. Aus den Lautsprechern tönt italienische Musik. Inhaber Giovanni Dinatale hat sich vor der Eröffnung ein Jahr lang die schönsten Läden Italiens angeschaut: von Mailand über Venedig bis nach Rom. Entsprechend mutet das Cafe – in Brauntönen gehalten – klassisch und edel an. Ein besonderer Akzent ist der große Murano-Glas-Lüster über der Theke. Exklusiv für Deutschland vertreibt und schenkt Dinatale hier den Torrisi Kaffee aus, den seit 1911 eine kleine Familienrösterei auf Sizilien herstellt. Der Caffé Diamante schmeckt so, wie man es von einem Sizilianer erwartet: Kräftig, aber mit einem milden angenehmen Abgang. Der Schaum auf dem Cappuccino ist eine perfekt cremige Emulsion. Man fühlt sich wie in Italien: Stützt den einen Arm auf die Marmorplatte der Theke und blickt auf die blitzblanke Faema mit den zwei Brühgruppen und lässt sich vom italienisch-bayerischen Sprachgemisch berieseln. Dinatale selbst ist Sizilianer und begleitete seinen Großvater in Ragusa oft in Espressobars. Das gefiel ihm schon als kleiner Junge so gut, dass er später selbst einen solchen Laden haben wollte. Die ganze Familie ist mittlerweile im Geschäft mit dabei. Kuchen und Gebäck, zum Beispiel original sizilianische Mandelplätzchen, werden frisch gebacken. Sein Vater steht immer morgens um 4 Uhr auf und kümmert sich um die Produktion und die Verteilung der Waren auf die mittlerweile zwei Geschäfte im Uni-Viertel.

Unbedingt probieren:
Espresso Ginseng – ein typisch italienisches Mischgetränk mit stärkender Ginseng-Wurzel.

21

Amalienstraße 71, 80799 München,
Tel. 089-20355816, www.dinatale-cafe.de

Montag bis Samstag: 7 bis 18 Uhr
(weitere Filiale Veterinärstraße 4)

Café im Vorhoelzer Forum.

Der Münchner Kaffee-Himmel.

Würde das Vorhoelzer Forum in New York City liegen, wäre es sicher ein Geheimtipp in Reiseführern. Es ist die Belle-Etage der Fakultät für Architektur an der Münchner TU, benannt nach Architekt Robert Vorhoelzer (1884 bis 1954), ein Vertreter der klassischen Moderne, der maßgeblich am Wiederaufbau des Hauptgebäudes der TU beteiligt war. Um das Café zu finden, muss man Student sein oder sich auskennen, die Uni ist groß. Wer einmal die mächtigen Glastüren des Haupteingangs in der Arcisstraße passiert hat, geht geradeaus durch die Eingangshalle, dann erster Gang links bis zum Ende, scharf rechter Hand befindet sich der Aufzug, man drückt den Knopf für den fünften Stock. Nach den charmebefreiten, düsteren Korridoren des Erdgeschosses hat man das Gefühl, im Himmel angekommen zu sein. Gleich kommt Morgan Freeman als Gott im weißen Anzug ums Eck und drückt einem die Hand. Man blinzelt in helles Licht, ansonsten blickt man auch nur auf Weiß. Weiße Tische, weiße Stühle, weiße Theke: puristische Designer-Einrichtung, wie man sie von Architekten nicht anders erwartet. Die einzige Farbe hinter den raumgroßen Glastüren: der blaue Münchner Himmel. Von der riesigen Dachterrasse blickt man reihum auf die Dächer und Kuppeln der Innenstadt. „Auch wenn du die Aussicht zum tausendsten Mal siehst, macht sie immer wieder glücklich. Das hat was Magisches", sagt Gastronom Maximilian Gradl, der die Idee zu diesem Café hatte und die Ausschreibung für die leerstehende Fläche 2011 gewann. Die Kaffeemaschine zischt und pfeift unentwegt. Der Espresso wird mit Bohnen der Rösterei Dinzler gebrüht. Der „Il Gustoso" ist die beliebteste Espressomischung des Mittelständlers, der südlich von München am Irschenberg sitzt. Der Kleine Schwarze hat eine feine, nicht zu üppige Crema, darunter einen kräftigen, vollen Körper. Für den Cappuccino und alle Milchkombinationen wird der „Attibassi Miscela 1918" verwendet. Die Bohnen stammen aus Bologna. Die Zahl 1918 steht für das Gründungsjahr der Rösterei. In der Mischung vereinen sie 50 Prozent Robusta aus Afrika, Indien und Indonesien mit südamerikanischen Arabicas zum italienischen Caffé-Erlebnis. Die Kreation kommt in der Milch gut durch und die Arabicas kontern das Erdige und Holzige der Robusta mit sattem Kakaoaroma.

Unbedingt probieren:
„charlysheeno" – eine Kaffee-Eigenkreation mit Whiskey.

22

Montag bis Sonntag: 9 bis 19 Uhr

Institutsbau, Arcisstraße 21/Raum 5170, 80333 München,
Tel. 0163/1524758, www.vf.ar.tum.de/cafe

Café Jasmin.

Alte Schnörkel mit junger Röstung.

Im Café Jasmin ist die Zeit stehengeblieben. Aber nur optisch: Goldtapete, Rüschengardinen, Schnörkel-Lampen und lindgrüne Mohairsessel. In den 50er-Jahren schoben hier livrierte Kellner Servierwägen mit Kaffee Diplomat und Sahnetorte zu den Damen der feinen Gesellschaft. Unter den Gästen sollen Orson Welles und Julio Iglesias gewesen sein. Heute ist das Interieur Kult und steht sogar unter Denkmalschutz. Ein deutlich jüngeres Publikum sitzt vor der Wandtapete mit der Bayreuther Eremitage. Man kann aber immer noch den Diplomat bestellen, ein Kaffeemischgetränk mit Eierlikör und Sahne. Es empfiehlt sich aber doch etwas anderes: nämlich den Kaffee maxim zu probieren. Was nach einem Establishment aus Zeiten Johannes Heesters klingt, ist eine eigene Röstung, die der Betreiber des Jasmin, Aleks Vulic, selbst kreiert und nach seinem Sohn benannt hat. Getrieben von der Suche nach der perfekten Kaffeebohne reiste Vulic nach Kolumbien. Dort sichtete er einige Farmen, erntete und röstete vor Ort. Als er endlich die richtigen Bohnen gefunden hatte, fehlte nur noch der Röster, den er nach längerer Suche in Graz in Österreich fand. Der maxim-Kaffee besteht aus mittel- und südamerikanischen Arabicas mit einem kleinen Anteil an Indian Cherry Robusta. „Wir rösten bei relativ niedriger Temperatur lange durch. Wie früher bei Omas Schweinebraten, der war auch zwei bis drei Stunden im Ofen", erklärt Vulic.

Gebrüht wird auf einer Cimbali, die ist zwar eine zeitgenössische Maschine, dafür aber eigens im Stil der 50er golden lackiert. Der „maxim Espresso-Bar" zaubert eine sehr gute Crema mit den typischen Röstaromen: einem Hauch von Schokolade und dezente Mokkanoten im Abgang. Man könnte meinen, Vulic hat seine Mission erfüllt, aber dazu ist er zu umtriebig. Man kann gespannt sein, welches Genussmittel er demnächst in Eigenregie herstellt.

Unbedingt probieren:
einen Kaffee Diplomat – der alten Zeiten wegen.

23

Montag bis Sonntag: 10 bis 1 Uhr

Steinheilstraße 20, 80333 München,
Tel. 089-45227406, www.cafe-jasmin.com

Café Katzentempel.

Kaffee mit Miau.

Kater Gizmo wartet jedes Wochenende schon an der Ladentür auf ein bestimmtes Pärchen. Er weiß, dass sie ihn immer besuchen. Dann wird geschmust und gestreichelt – und Kaffee getrunken. Das Café Katzentempel in der Türkenstraße ist Deutschlands erstes Katzen-Café. Hier leben sechs Tiere, die Inhaber Thomas Leidner aus einem Heim für Rassekatzen geholt hat. Jack, der nur noch drei Beine hat, kam von der Straße. Die Schmusetiger stehen für einen Part des Café-Konzeptes: Aktiver Tierschutz am Beispiel der Katze. Sie eignet sich dafür, weil sie sehr eigenständig ist, keine feste Bezugsperson und Gassigehen braucht – „nur einen zuverlässigen Dosenöffner", wie Leidner schmunzelnd erklärt. Der zweite Baustein seines Cafés ist die rein pflanzliche Kost. Alles ist vegan, nur in den Kaffee darf Kuhmilch. Passend zu dem nachhaltigen Konzept gibt es Kaffee der Münchner Marke „maxim", der Fair-Trade-zertifiziert ist und je verkauftem Kilo einen Dollar für ein Schulprojekt in Kolumbien spendet. Die schokoladig-nussigen Aromen passen laut Leidner besonders gut zu veganen Milchprodukten aus Soja, Hafer oder Macadamia. Gerade Hafermilch besitze eine schöne Süße und ergebe mit der Röstung einen samtigen Cappuccino.
Dank der Katzen fühlt man sich im Katzentempel auch alleine wohl. Die Tiere kennen keine Scheu und lassen sich schnurrend auf dem Schoß nieder. Ansonsten liegen sie auch mal quer über der Theke oder dösen auf der Fensterbank. Das Publikum besteht aber nicht nur aus Katzen-Mamis, sondern aufgrund der zentralen Lage aus allen möglichen Leuten. Vor allem auch, weil es sich herumgesprochen hat, dass vegan sehr lecker sein kann. Im Katzentempel wird so gut wie alles selbstgemacht – vom täglich frisch gebackenen Dinkelbrot, über Burger, Suppe bis hin zu ausgefallenen Kuchen wie eine Schoko-Avocado-Tarte. Nur allein ihretwegen kommen schon manche Gäste.

Unbedingt probieren:
„Goldene Milch" mit Curcuma, Pfeffer und Ingwer.

24

Montag bis Freitag: 11 bis 20 Uhr
Samstag: 10 bis 20 Uhr
Sonntag: 10 bis 18 Uhr

Türkenstraße 29, 80799 München,
Tel. 089-20061249, www.katzentempel.de

Café Lotti.

Wie eine Sommerfrische in Cornwall.

Eins vorneweg: Auch als Mann kann man sich ins Café Lotti wagen. Wenn auch das Interieur eher weiblichen Geschmack trifft – genauer: für das romantische Mädchen in uns, das auf rosa, weißen Landhausstil und Rosenmuster steht. Ein ausgiebiger Besuch gleicht einer Sommerfrische in Cornwall. An der Wand hängen weiß gerahmte, selbst aufgenommene Englandbilder der Inhaberin und Jungunternehmerin Sabrina Lorenz. Sonst rosa Tapete, ausnahmslos weiße Möbel und Deko im Rosenmuster, darüber Kristalllüster. So hell, so freundlich: wie auch die Servicekräfte und vorneweg die Chefin. Darauf legt sie besonderen Wert: „Leave people better than you found them" lautet ihr Motto. Wenn die Leute ihr Café verlassen, soll es ihnen besser gehen. Für die gute Laune gibt es „Kaffee Lotti": kalte Milch, Espresso mit Vanillesirup auf Eiswürfeln. Auf dem Faema-Siebträger werden für alle Kaffeespezialitäten Dinzler Bohnen gebrüht, die vom mittelständischen Röster am Irschenberg südlich von München stammen. Der „Gustoso Espresso" ist eine Mischung aus Indien und Süd- bzw. Mittelamerika. Das Magazin der „Feinschmecker" prämierte ihn zum „besten Espresso Deutschlands". Der Blend ist fein ausbalanciert und funktioniert in den Standards wie Cappuccino oder Latte Macchiato sehr gut. Lorenz war selbst einen Tag in der Rösterei vor Ort, um die Aromen perfekt zu extrahieren. Regionalität, Qualität und Frische sind ihr bei all ihren Produkten sehr wichtig. „Essen und Trinken wie von Mama oder Oma – häuslich, heimelig und familiär", beschreibt sie das Gefühl, das sie bei ihren Gästen erzeugen möchte. Der Cappuccino kommt mit Kakaoherz auf dem Milchschaum.

Im Lotti gibt sich vor allem die weibliche Nachbarschaft zwischen 25 und 45 die Klinke in die Hand. Es ist alles sehr persönlich, daher ist das Lotti nicht nur ein Café, sondern Sabrina Lorenzs kleine Welt. Sie hat für ihre treuen und zahlreichen Kundinnen „Lottis Leben – das Frauennetzwerk in München" gegründet. Die Lottis trinken nicht nur Kaffee, sondern sporteln, backen und bilden sich gemeinsam fort.

Unbedingt probieren:
Käsekuchen nach Lorenzs Familienrezept.

25

Schleißheimer Str. 13, 80333 München,
Tel. 089-61519197, www.e-lotti.lotti-muenchen.de

Montag bis Sonntag: 10 bis 18 Uhr

Café und Kaffee Wiener's.

Des Kaisers Wiener Mischung.

Von einem Wiener Kaffeehaus im Univiertel hätte man sicher schon gehört. Das Wiener's ist auch kein Kaffeehaus im traditionellen Sinn, zumindest auf den ersten Blick nicht. An der Ecke Adalbert- und Türkenstraße stehen auf dem Gehsteig eine Batterie von Stiegl-Bierkästen, die mit Holzauflagen zu Tischen und Sitzgelegenheiten umfunktioniert sind. Drinnen eine große Theke und viel helles Holz. „Guter Kaffee ist Genuss für Sinn und Geist" steht auf kleinen gebrandeten Kaffeesäckchen. Erste Anklänge an das literarisch-kulturelle Erbe der Wiener Kaffeehäuser. Es duftet nach frisch gemahlenen Bohnen, die ausschließlich zu österreichischen Kaffeespezialitäten verarbeitet werden, zum Beispiel zur kleinen oder großen Melange, einem Braunen oder Einspänner. Das junge internationale Publikum bestellt als hätte es Wiener Blut. Die Barista muss kaum mehr erklären, was nun was wieder ist. Das Wiener's ist nicht nur Café, sondern ein echter Wiener Kaffee. Die Geschichte geht bis in die 80er-Jahre zurück, als der junge Metzgermeister und Gastronom Franz Kaiser nach einer Röstung suchte, die er in seinem ersten Betrieb ausschenken konnte: ein Mittelding zwischen italienischer und traditioneller österreichischer Röstung. Zunächst fand er einen Röster alter Wiener Schule in München, der genau nach Gusto von Kaiser die Bohnen veredelte. Als dieser in Ruhestand ging, musste Kaiser selbst ran, kaufte eine Röstmaschine und legte los. Dies war die Geburtsstunde einer Kaffeemarke, die es nun seit über 25 Jahren gibt und in einigen eigenen Cafés in München und in der Rösterei in Starnberg ausgeschenkt wird. Was ist so besonders am typischen Wiener Kaffee? Das mild-würzige Aroma, was ihn von anderen Espresso-Röstungen unterscheidet, beschreibt Kaiser. Dem entspricht am besten seine sogenannte „Kaffeehaus-Mischung": gehaltvoll, wenig Säure, mit feinem Abgang – für den Müßiggänger, der den Tag Kaffee trinkend im Kaffeehaus verbringt, ohne dabei seinen Gaumen oder Magen zu strapazieren. Dazu nippt der Wiener nach jedem zweiten bis dritten Schluck am Wasser, um den Mund zu neutralisieren und den Geschmack aufs Neue zu genießen. Kaffee in drei Wiener Röstvarianten ist das eine, was man hier erleben kann, ansonsten auch ein Dutzend Single Origins, die man alle vor Ort probieren kann. Im Hinterzimmer findet sich dann doch Kaffeehaus-Flair mit Stühlen im Thonet-Stil, bordeauxfarbener Sitzbank und schweren alten Tischchen.

Unbedingt probieren:
kleiner oder großer Brauner und ein Stück Apfelstrudel.

weitere Standorte siehe wieners.de

Montag bis Freitag: 9 bis 20 Uhr
Samstag: 9 bis 19 Uhr

Adalbertstraße 25, 80799 München,
Tel. 089-28787855, www.wieners.de

Kaffeewirtschaft San Lucas.

Espresso in der Winkelgasse.

Das San Lucas ist ein echtes „Family Business" rund um Claudia Lucas. Die wurde schon in ihrer Kindheit zum eigenen Kaffeeladen inspiriert: Als ihre Oma früh morgens den Ofen anschürte und das Feuer zu knistern begann, klemmte sich ihr Opa die Kaffeemühle zwischen die Knie und mahlte die Bohnen. Dieses Bild und der Geruch von frisch gebrühtem Kaffee erzeugten in ihr ein Wohlgefühl, dem sie heute noch hinterherjagt. Das sie aber auch jeden Tag wieder erschaffen und teilen möchte. Daher hat sie ihre Kaffeewirtschaft als Ort für guten Kaffee ganz bewusst gestaltet. Der Laden ist ein Ensemble aus schönen, geschichtsträchtigen Dingen: Da wo heute die Bohnen von regionalen Röstern zum Verkauf stehen, lagen früher die Miederwaren des legendären Wäschehauses Lewandowski in der Sendlinger Straße. Das Garderobenschild stammt aus einem Jugendstil-Kino und die Decken- und Wandlampen hat sie in Portugal gekauft. Alles hat seine Geschichte, wie auch jeder Kaffee, nach ihrer Überzeugung. Lucas hat alle Röster genau und persönlich angeschaut, deren Produkte sie bei sich ins Regal stellt. Sie hat aber auch ihren eigenen San-Lucas-Kaffee, den sie den Gästen auf der La Marzocco zubereitet. Sie lässt ihre Bohnen in einem bayerischen Handwerksbetrieb rösten. Dort wird in kleinen Chargen bewusst auf einem alten Trommelröster nur von Hand und mit allen Sinnen gearbeitet. Ihr Fokus ist die Espressobohne. Ihr Espresso Classico ist klassisch kräftig, vollmundig und mit feiner Crema. Als zweite Sorte hat sie einen Single Origin aus Brasilien im Ausschank, der nach ihrer Tochter Clarissa heißt. Filterkaffee brüht sie im Ladencafé nicht, weil es im Ein-Mann-Betrieb zu aufwändig wäre. Dabei hat sie eine eigene Kaffeemischung entwickelt, die nach dem Viertel Maxvorstadt benannt ist. Diese ist bislang nur zum Kauf. Werbung hat Lucas noch keine gemacht, auch die Außenbeschriftung ist eher dezent. „Das ist hier ein bisschen wie in der Winkelgasse", scherzt sie. Trotzdem sitzen eine Reihe von Kaffeefreunden auf den lichtdurchfluteten Plätzen im Schaufenster.

Unbedingt probieren:
portugiesische Puddingtörtchen Nata.

27

Augustenstr. 113, 80798 München,
www.facebook.com/sanlucaskaffeewirtschaft

Montag bis Freitag: 7:30 bis 18 Uhr
Samstag: 9 bis 18 Uhr

Lesecafé Lost Weekend.

Absolut keine Zeitvergeudung.

Das Lost Weekend ist zwar nach einem Drama von Billy Wilder über einen alkoholsüchtigen Schriftsteller benannt, hat dann aber doch nur eines mit dem Akteur gemeinsam: die Obsession für Bücher. Das Lesecafé in der ehemaligen Universitätsbuchhandlung Frank in der Schellingstraße ist sonst clean: Sichtbeton, Rohre an der Decke, die einstige Behelfs-Baustellentreppe blieb und führt zu den Toiletten. Tische und Stühle sind getreu eines Do-it-Yourself-Designers der 70er-Jahre im Bauhausstil nachgebaut. Clean ist auch das Essen, im Sinne von fleischlos, alles ist vegan. Und zwar so konsequent, dass es keine Kuhmilch im Lost Weekend gibt. Wenn man keinen anderen Wunsch äußert, kommt der Cappuccino mit Sojaschaum. Ansonsten ist das Konzept des Cafés durchgängig anspruchsvoll: Es gibt allein ein großes Regal nur mit tausenden kleinen, gelben Reclam-Heftchen, sonst Sachbücher zu Politik, Geschichte, Wirtschaft und ausgewählte zeitgenössische Literatur. Neben dem Studenten am Laptop blättert ein grauhaariger Herr in einer Biografie über Hugo Chavez. An einem der großen, schlichten Holztische skizziert ein Mittdreißiger ein Folienlayout für seinen Kollegen auf ein Blatt Papier. Das Konzept zieht Junge und jung gebliebene Ältere an. An den Abenden finden zudem Lesungen und Vortragsreihen statt. Dazu passt natürlich kein billiger, industrieller Kaffee. Auf der La Marzocco werden Bohnen der Unterhachinger Rösterei Supremo gebrüht – für Espresso, Cappuccino und Co., der nach einer italienischen Stadt benannte „Taranto", der würzig und nach Mokka schmeckt. Er besteht zu 50 Prozent aus Robusta-Bohnen und hat daher eine schöne Crema. Über Handfilter läuft der brasilianische „Tres Barras", der lange nachschmeckt. Auf der Zunge bleiben Kirsche und eine angenehme Süße. Wer nicht wirklich Veganer ist, sollte hier die Chance nutzen, Neues zu entdecken. Der Barista kennt sich mit der breiten Palette der Pflanzenmilch aus. Hanfmilch lautet zum Beispiel die Empfehlung. Sie hat eine feine vanillige Note, die sehr gut zu allen Kaffee-Milch-Varianten passt.

Unbedingt probieren:
„Dirty Chai" – selbstgemachter Gewürztee mit einem Espressoshot.

28

Montag bis Freitag: 8 bis 20 Uhr
Samstag: 10 bis 20 Uhr
Sonntag: 8 bis 20 Uhr

Schellingstraße 3, 80779 München,
Tel. 089-2870188, www.lostweekend.de

Präzisionskaffee Mahlefitz.

Hell und einzigartig.

Mahlefitz ist zusammen mit der Rösterei Men versus Machine der Skandinavier unter den Münchner Röstern. Und das heißt: vor allem hell und fruchtig zu rösten. Die Einrichtung ist reduziert und lässig, viel Holz mit schwarzen Akzenten. Von der Decke hängen weiße Pompoms. Inhaber Peter Schlögl hat 2014 mit seinem Unternehmen eine Gegenbewegung zur „verbrannten Geschmackskultur" gestartet, die seinem Empfinden nach in München sehr verbreitet ist – noch. Das englischsprachige Kino Cinema ist zwar in der Nachbarschaft, aber nicht deshalb hört man nachmittags im Laden viele englische Stimmen. Das Inselvolk steht auf helle Röstungen. In London gibt es fast an jeder Ecke eine Rösterei.

Schlögl hat immer sechs bis acht Sorten im Programm – lieber weniger, der Frische wegen. Bis er eine Bohne kauft, testet er 50. Er glaubt, dass Magenprobleme nach dem Kaffeegenuss nicht vom Säuregehalt kommen, sondern dass die Kaffeekirschen zu früh und unreif gepflückt wurden. Wenn der Zuckergehalt bei der Ernte stimmt, dann entfaltet er sich auch bei der Röstung und macht das Getränk besser bekömmlich. Der Kaffeeexperte veredelt nur ausgewählte Arabica Single Origins. Von Mischungen, die einen homogenen Geschmack erzeugen sollen, hält er nichts. Mit der hellen Röstweise arbeitet er die spezifischen Aromen heraus, die durch Varietäten, Klima, Boden und Aufbereitungsart in dem Rohprodukt Kaffee stecken. Röstaromen machen nach seiner Überzeugung diese Einzigartigkeit der Bohnen kaputt. Sehr beliebt bei den Kunden ist der „Sertao" aus Brasilien, der so nussig schmeckt, dass man an Nutella denken muss. Im täglichen Ausschank des Mahlefitz gibt es immer zwei Gegensätze, vereinfacht ausgedrückt: Komfort und Abenteuer – gewohnter Geschmack versus überraschende Aromen.

Mahlefitz hat nicht umsonst den Untertitel „Präzisionskaffee" gewählt, denn je Portion Espresso oder Cappuccino wird das Pulver abgewogen, sodass der Kaffee immer gleich intensiv schmeckt.

Unbedingt probieren:
Natural aus Äthiopien als Filterkaffee – Fruchtbombe, dunkle Beeren.

29

Nymphenburger Str. 51, 80335 München,
Tel. 089-45213763, www.mahlefitz.de

Montag bis Freitag: 8 bis 18 Uhr
Samstag: 10 bis 18 Uhr
Sonntag: 13 bis 18 Uhr

aab coffee roastery.

Güteklasse in Mini-Chargen.

Evelyn Aab ist gewissermaßen eine wandelnde Bohne. AA ist in der Kaffeebranche eine Handelsklasse, B steht für Bohne. Aab ist allerdings kein Künstlername, sondern ihr richtiger. Und das passt. Die 22-Jährige kennt sich mit Kaffee aus, als hätte sie ihn von Geburt an getrunken. Gemeinsam mit ihren Eltern – der Vater ist gelernter Röster – führt sie seit 2014 die aab coffee roastery im Schwabinger Nord-Westen. Wenn sie von frischem Kaffee spricht, dann ist er auch wirklich frisch. Neben der Theke steht ein 1-Kilo-Röster. Mit diesem Gerät veredelt sie alle Bohnen, die im Laden ausgeschenkt und verkauft werden. Bei einer so geringen Ladecharge läuft die Maschine ständig. Da reicht es auch aus, den frischen Kaffee in Bonbongläsern zu lagern, wie man sie vom Kramer kennt. Von den 30 Sorten sind zehn eigene Blends. Das ist auch die Leidenschaft von Aab. Eine Kaffeemischung ist in ihren Augen wie ein Parfum mit Anfang, Mittelteil und Ende. Sie kombiniert die Eigenheiten der verschiedenen Bohnen, wie die Säure des Afrikaners mit der Milde des Brasilianers und erzeugt so ein geschmacklich komplexeres Produkt. Der Blend „Bonaparte" vereint Schokolade und Cognac mit Roquefort und Salznoten, „Foresta" schmeckt nach Moos, Wald und Holz, das über Feuer geröstet wurde. Die Hausmischung, der aab Coffee Blend, als Cappuccino zubereitet, lässt einen nach dem ersten Schluck erst einmal innehalten. Da ist etwas sehr Eigenes. „Holz, ein bisschen erdig und Bitterschokolade", erklärt Aab.

Auf ihrer Karte fallen noch andere Getränke auf: zum Beispiel der „Espresso Bonbon", der so in Brasilien getrunken wird, ein „Kleiner Schwarzer" auf gesüßter Milchcreme.

Für Filterkaffeeliebhaber hat sie eine Rarität im Laden, eine Cona-Kanne. Diese Glaskolbenkaffeemaschine mit Spiritusbrenner wurde 1830 in Deutschland erfunden. Die Zubereitung erinnert an die einer Teezeremonie. Es kann schon mal 30 Minuten dauern, bis der physikalische Prozess in Gang kommt. Zur Verkostung empfiehlt Aab eine Bohne aus Nicaragua, die sich rund und voll mit würzigem Abgang entfaltet.

Unbedingt probieren:
Kaffeekirschentee – Koffeingehalt eines Espresso je Tasse.

30

Schleißheimer Str. 187A, 80797 München,
Tel. 089-41411118, www.facebook.com/aab.coffee

Dienstag bis Sonntag:
10 bis 18 Uhr

Kaffee Espresso & Barista.

Das italienische Kleinod.

Der Laden liegt unweit des anderen von Thomas Leeb betriebenen Cafés Kolonial, in dem er die Welt des Brühkaffees und des Mokka zeigt. Auch dieses Geschäft ist so besonders, dass man es einfach nicht übergehen kann. Hier spielt sich die Welt Italiens der 50er-Jahre ab, eingebettet in einen Siebträger-Showroom. Man sitzt auf Chesterfield-Sofas, lauscht der rauchigen Stimme von Paolo Conte und sucht sich insgeheim schon einmal seine Traummaschine aus der Siebträgersammlung aus, die entlang des Schaufensters auf mehreren Regalen übereinander geschichtet ist. An der in Pastell gestrichenen Wand hängen alte Filmplakate mit Sophia Loren. Daneben findet sich allerlei italienischer Hausrat: Milchkännchen, Tamper (Kaffeestopfer) und Herdkännchen. Alles wirkt ein bisschen unübersichtlich, aber das ist schließlich auch das Dolce-Vita-Konzept. Am Ende des Ladens sitzt zumeist Thomas Leeb in seinem „Schrumpfbüro", das mit dem florierenden Cafébetrieb immer mehr in den Hintergrund weichen musste. Wer fachsimpeln will, schaut einfach einmal ums Eck, ob der Experte in seinem Ledersessel am Schreibtisch sitzt.

Vorne an der Ladentheke aus den 50er-Jahren stehen die Leute an, um sich auf der Dalla Corte einen Caffé brühen zu lassen. Für alle Milchmischgetränke läuft der aus einem Mailänder Familienbetrieb stammende „Mokito Oro" aus der Maschine. Leeb ist Mokito-Generalimporteur und kann daher absolute Frische gewährleisten. Es ist ein kräftiger Kaffee mit 80 Prozent indischem Robusta, der sich daher gut im Cappuccino durchsetzt. Brühkaffee gibt es hier keinen, nur den für Italien typischen Verlängerten: den Americano. Dazu kann man sich aus der Vitrine die üblichen „Schweinereien" des Stiefelvolkes auswählen: Dolce wie „Baci" aus Perugia oder frische Plätzchen und Brioches.

Unbedingt probieren:
Espresso mit hauseigener Madras-Röstung.

31

Montag bis Freitag: 7 bis 19 Uhr
Samstag: 8:30 bis 18 Uhr

Schlörstraße 11, 80634 München,
Tel. 089-16783878, www.kaffee-espresso-barista.com

Café Milch & Honig.

Türkischer Sultanskaffee.

Das Café Milch & Honig betreibt ein junges türkisches Paar, das damit ein Stück seiner Heimat nach München gebracht hat. Die Familie Can hat sich dabei an Istanbuler Cafés orientiert und diese mit bayerischer Gemütlichkeit gemischt. Entstanden ist ein osmanisches Wohnzimmer, in dem es nach frischen Backwaren duftet. Viele Details wie die Drucke mit Sultans-Szenen oder silberne Kännchen und Döschen hat Gökhan Can auf dem Basar in Istanbul gekauft. Die junge Besitzerin weiß, wie man echten türkischen Mokka zubereitet. Die erste Frage lautet: Wenig, mittel oder viel Zucker? Der Türke trinkt ihn süß, der Münchner mittelsüß. Sie verwendet Mokka der Marke Istanbul, der in der Türkei sehr verbreitet ist. Nur die wenigsten wissen, dass ein Grieche die Bohnen ägyptischen Ursprungs zu dem typisch sehr feinen Pulver mahlt.

In einem langstieligen Zinnkännchen, auf türkisch Cezve, wird erst das Wasser erhitzt, dann der Zucker zugegeben, das Mokkapulver eingerührt und dreimal kurz aufgekocht. Hier kommt es auf ein geschicktes Händchen an, denn am Ende sollte sich ein feiner brauner Schaum darauf bilden. Wenn man es mit dem Erhitzen übertreibt, zerfällt er. An der Art des Schaums bewertet die türkische Schwiegermutter, ob der Sohn eine gute Wahl getroffen hat. Dem türkischen Verlobten wiederum darf man einiges zumuten: Es ist Tradition, je mehr man den Geliebten mag, Salz und Pfeffer hinein zu streuen. Dieser darf sich allerdings beim Genuss des Mokkas nichts davon anmerken lassen.

Can serviert den Mokka in antikem osmanischen Geschirr mit Wasser und einem Stück Lokum, einer geleeartigen türkischen Süßigkeit, die in Puderzucker gewendet ist. Das Getränk unter dem braunen Schleier ist fast schwarz. Man beißt sich durch eine sämig-cremige Substanz, die deutlich mehr Koffein enthält als ein Espresso. Der Geschmack ist malzig-würzig. Der Kaffeesatz bleibt in der Tasse zurück. Wer will, kann hieraus sein Glück deuten – auch das ist eine türkische Tradition.

Unbedingt probieren:
türkischen Mokka.

32

Montag bis Freitag: 7:30 bis 17:30 Uhr
Samstag und Sonntag: 8 bis 17 Uhr

Heideckstraße 16-18, 80637 München,
Tel. 089-15923620, www.cafemilchundhonig.de

Kaffee Espresso Kolonial.

Der Kaffeekosmos.

Wer das Kolonial betritt, verlässt 2016 und taucht in die Jahrhundertwende um 1900 ein. Man findet sich wieder in einem Kaffeehaus mit original österreichischem Interieur: Thonet- und Fischel-Stühle, dazu die ebenso alten massiven, aber dennoch fein wirkenden Tische. Parkett und Wand des denkmalgeschützten Hauses sind gemäß 1904 wieder freigelegt und reflektieren marode-elegant das Licht. Jenseits des österreichischen Terrains beginnt der Orient, zumindest in diesem Café. Arabische Eisenlampen hängen von der Decke, der Mohr als Büste knapp von der Mokkabar. Hier kann man sich im Sandbett griechischen, türkischen oder arabischen Mokka zubereiten lassen – abgerundet mit einem Schuss Rosen- oder Orangenwasser. Der Laden vereint Austro-Okzident mit Mokka-Orient.

Überall im Kolonial stößt man auf Kaffeegeschichte: Im Schaufenster steht ein Modell des ersten Siebträgers aus dem Jahr 1901, daneben eine der ersten Mengen-Brühmaschinen, die mit unserer heutigen Kaffeemaschine nichts mehr gemein hat. Das Kolonial betreibt Kaffee-Urgestein Thomas Leeb, Autor des Standardwerkes „Kaffee, Espresso & Barista". Der Gastronom beschäftigt sich seit 30 Jahren mit der Bohne und den Gerätschaften rundherum. Er besitzt mit weit über 1.000 Kaffee- und Espressomaschinen eine der größten Sammlungen weltweit.

Wenn einer weiß, wie Kaffee schmecken muss, dann er. Leeb röstet auch selbst, das weiß in München aber wohl nur seine Stammkundschaft. Gemeinsam mit Kaffeeliebhabern tüftelt er an dem perfekt ausgewogenen Blend für den Siebträger. Das kann schon mal bis zu einem Dreivierteljahr dauern. So lange probiert er immer wieder neue Mischverhältnisse und ändert die Röstverläufe. Ein Ergebnis davon ist „Copán", nach einer Stadt der Mayas benannt: 40 Prozent Honduras-Arabica, 30 Prozent Brasil Santos und 30 Prozent Indian Monsooned Robusta. Den Anteil der Bohnen schreibt er unbesorgt auf die Verpackung, da das ohnehin niemand nachrösten könne. Entscheidend seien Temperaturverlauf und Röstdauer. Und das könne man nicht so einfach kopieren. Oder seine Eigenkreation „Madras", der im Café als Espresso oder nach österreichischer Karte als „Kleiner Brauner" ausgeschenkt wird. Er schmeckt rund, weich und filigran, keine Spur von Bitterkeit oder Säure.

Unbedingt probieren:
Naturzucker „muscovado" aus Mauritius in drei Varianten.

33

Donnersbergerstr. 39, 80634 München,
Tel. 089-20060566, www.kaffee-espresso-kolonial.de

Montag bis Freitag: 7 bis 19 Uhr
Samstag: 8 bis 18 Uhr

„Kaffee ist gesund"

Interview mit Kaffeeexperte Thomas Leeb

Thomas Leeb
Kaffeeexperte

Thomas Leeb ist Gastronom und Kaffeeexperte. Er beschäftigt sich seit über 30 Jahren mit der Bohne und besitzt mit über 1.000 Exponaten eine der weltweit größten Sammlungen von Kaffeemaschinen. Er ist Autor des Standardwerkes „Kaffee, Espresso & Barista" und betreibt aktuell zwei Ladencafés im Münchner Stadtteil Neuhausen.

Wieviel Kaffee kann man denn unbedenklich täglich trinken?

Statistisch sind sechs bis acht Tassen täglich unbedenklich. Es kommt aber auf die jeweilige Person an und was sie gewöhnt ist. Bei Menschen, die sensibel auf Koffein reagieren, kann da schon die Herztätigkeit hochgehen und sie fühlen sich unwohl. Ich selbst trinke bis zu 15 Tassen am Tag und vertrage das gut. Es gibt bislang nur einen Menschen, den das Kaffeetrinken umgebracht hat: Das war der für sein ausschweifendes Leben bekannte Schriftsteller Honoré de Balzac. Er hat täglich acht Liter Kaffee getrunken, jede Tasse mit einem Koffeingehalt von 40 Bohnen. Das bringt jeden um.

Wann sollte man mit dem Kaffeekonsum aufpassen?

Schwangere sollten am Anfang bei der Einnistung und am Ende der Schwangerschaft nicht mehr als ein bis zwei Tassen täglich trinken, weil er austreibend wirkt. Ebenso sollten Menschen mit Bluthochdruck-Problemen die tägliche Menge Kaffee mit ihrem Facharzt abstimmen.
Säurebedingte Magenbeschwerden stellen sich eigentlich nur ein, wenn man Kaffee schlechter Qualität trinkt, also Industriebohnen, die nur zwei bis drei Minuten sehr heiß geröstet werden und damit noch unreife Säuren enthalten können.

Welche gesunden Substanzen enthält Kaffee?

Die Kaffeefrucht reift sehr langsam, ein Jahr insgesamt. In dieser Zeit lagern sich auf winzigstem Raum 1.500 Stoffe ein. Der wesentlichste Stoff, den wir spüren, ist Koffein, aber es gibt noch eine Reihe anderer Bestandteile, die im Zusammenspiel positiv im Menschen wirken.

Zum Beispiel?

Kaffee wirkt messbar ab vier Tassen deutlich leistungssteigernd auf die Fähigkeiten des Gehirns, verbessert zum Beispiel die Konzentrationsdauer und Phantasie. Er ist zudem ein starkes Antidepressivum. Dazu gibt es wissenschaftliche Studien. Er greift in die Hirnchemie ein. Er wirkt aber auch positiv auf Herz, Kreislauf und Lunge. Er beschleunigt die Aufnahme von Sauerstoff, was wiederum für Asthmatiker sehr interessant ist.

Kaffee kurbelt auch die Verdauung an, gerade weil wir uns von Lauf- zu Sitztieren entwickelt haben. Auch wer hier täglich vier Tassen trinkt, senkt sein Risiko an Darmkrebs zu sterben um 70 Prozent. Ebenso profitieren Leber und Galle von den Bitterstoffen in den Bohnen. Auch hier senkt sich das Risiko an einem Krebsleiden zu sterben um 50 Prozent.

Welche Art der Kaffeezubereitung ist am bekömmlichsten?

Es kommt weniger auf die Zubereitung an. Es ist egal, ob ich den Kaffee als Espresso oder Brühkaffee trinke. Es kommt vor allem auf die Qualität der Bohnen und ein schonendes, langsames Röstverfahren an. Dann ist er bekömmlich.

Was ist Ihr Lieblingskaffee?

Die Frage kann ich schwer beantworten. Ich trinke Kaffee nach Stimmung. Am Morgen starte ich mit einem Brühkaffee aus Kuba. Den Rest des Tages lasse ich auf mich zukommen.

Delmocca Kaffeerösterei.

Bohne mit Backstube.

Das Besondere am Delmocca sticht sofort ins Auge: die große Kuchenbar. Delmocca-Gründer Jens Pilgrim hat in den Räumen der alt angestammten Konditorei Bacher ein Zuhause für seine Bohnen gefunden. Der Konditor und seine Backstube sind aber geblieben und bieten zum Kaffee Backwaren alter Schule wie Scheiterhaufen, Apfelstrudel und Zwetschgendatschi. Ganz nach handwerklicher Tradition wird hier auch geröstet: in einem gasbefeuerten Drehtrommelröster von Probat, Baujahr 1961, einer Rarität, die allerdings aus Platzgründen nicht im Café steht. Dort hat Pilgrim einen Wohlfühlort für Kaffeeliebhaber geschaffen. Auf der bedruckten Wandtapete schwingen sich Äffchen durch Kaffeepflanzen. Davor kann man es sich auf einem Sofa bequem machen. Die Inneneinrichtung ist von Schreinerhand in warmen Holztönen gezimmert. Dass der Gast verweilt, gehört hier zum Konzept. Von der Bücherwand kann sich jeder bedienen. Circa jeweils zehn Sorten Brühkaffee (goldene Verpackung) und Espresso (schwarze Verpackung) sind im Regal aufgereiht. Auf den Etiketten finden sich Namen wie „Brisa do Mar", die danach klingen sollen, was den Kunden in den Tüten erwartet: ein milder, cremiger Espresso wie eine Brise Meereswind im Mund. Oder „El Presidente", ein kräftiger und würziger Kleiner Schwarzer mit leicht rauchiger rauchiger Note und dem Aroma von herber Schokolade. Im Ausschank gibt es in der Regel den Hauskaffee „Boa Vista". Wer aber eine spezielle Röstung probieren möchte, bekommt die natürlich auch in die Tasse. Der Brühkaffee wechselt fortlaufend in der Mühle. Man bekommt, was zur Stunde drinnen ist – heute eine sogenannte Elefantenbohne aus Kolumbien. Zum Brühen läuft eine amerikanische Trifecta, eine Art automatisierte Aeropress, die das Pulver bei exakt eingestellter Temperatur aufwirbelt und so eine perfekte Extraktion der Aromen ermöglicht. Auch wenn der Kaffee nur nach ein paar Zischlauten vor einem steht, schmeckt er in sich sehr rund, nach Süßholz, mit floralen Anklängen. Er kommt prima ohne Milch und Zucker aus.

Unbedingt probieren:
Brühkaffee Kolumbien Maragogype – Elefantenbohnen.

34

Montag bis Freitag: 7:30 bis 18 Uhr
Samstag: 10 bis 18 Uhr
Sonntag: 13 bis 18 Uhr

Clemensstraße 20, 80803 München,
Tel. 089-20323051, www.delmocca.de

Café Krenn's.

Grand Dames Nachbarschafts-Oase.

Wer die Hiltensperger Straße entlangläuft und plötzlich vor dem Café Krenn's steht, glaubt zuerst eine Fata Morgana zu sehen: eine grüne Oase mit bunten Schirmen inmitten Nord-Schwabinger Häuserfluchten. Bäumchen und Kübelpflanzen rahmen schmiedeiserne Tischchen und Stühle ein. Darunter blitzt der Kies weiß als wäre er frisch gewaschen. Man reibt sich die Augen, aber das farbenfrohe Kleinod bleibt. Durch das Bild schwebt Gastgeberin Petra Krenn in einem Kleid, das aus einem Theaterfundus stammen könnte: eleganter französcher Chic, wahrscheinlich Seide.

Im Laden geht es extravagant weiter. Petra Krenn hatte einmal eine Deko-Firma und neigt zur Theatralik: Rosen auf fast jedem Tisch, weiße Holzmöbel, ein Jugendstil-Sofa reichlich bestickt. Alles im Shabby-Chic und mit viel Liebe gemütlich dekoriert. Alle Möbel hat die Gastgeberin selbst aufgespürt und restauriert. Die Bezüge der Kissen sind selbstgenäht, zum Beispiel aus alten Kaschmirpullis. Hier sieht es aus wie im Wohnzimmer einer Grand Dame. Wem daheim langweilig ist, der kommt ins Krenn's. Hier kann er gucken und ratschen. Es ist die öffentliche WG des Viertels. „Ich sollte mir hier in der Ecke eigentlich eine Rezeption einrichten", witzelt Petra Krenn. Sie vermittelt schon mal eine Wohnung, nimmt Pakete an oder hilft bei Freundschaften nach. „Da haben welche vier Jahre nebeneinander gewohnt und sich erst bei mir kennengelernt." Das Persönliche ist ihr sehr wichtig. Sie kennt die ganze Nachbarschaft und umgekehrt – und sie sieht das, was sie im Café tut, ganz pragmatisch. Als Mutter von drei Kindern war und ist sie mit nichts anderem beschäftigt, als Kuchen zu backen und Getränke hinzustellen. So hat sie nun ihre Familie erweitert und versorgt alle Gäste mit ihren feinen Waren.

Sie schenkt exklusiv für Schwabing den Bio-Fair-Trade-Kaffee vom italienischen Röster Gioia aus, den sie über einen Feinkost-Freund bezieht. Der Espresso schmeckt, wie man es von einem Italiener erwartet, kräftig, aber dennoch mild-rund im Abgang. Krenn sagt sogar: „Wenn ich in Italien in Urlaub bin, vermisse ich meinen Espresso."

Freunde des Filterkaffees können einen besonderen Clou erleben. Sie dürfen ihren Kaffee am Tisch selbst von Hand aufbrühen, mittels kleiner Tassenfilter, natürlich alles Flohmarktunikate.

Unbedingt probieren:
die selbstgebackenen Kuchen, z.B. Eierlikörtorte oder Lavendel-Käsekuchen.

35

Dienstag bis Sonntag: 10 bis 18 Uhr

Hiltenspergerstraße 24, 80798 München, Tel. 0176/24892835
www.facebook.com/pages/Krenns-Cafe/1411160195873097

Jb Kaffee am Standl 20.

Da wos an Kaffee gibt.

Auf einem Markt bekommt man in der Regel auch einen guten Kaffee. Schon allein die Nachbarn von den Ständen brauchen morgens etwas Heißes, an dem sie sich die Finger wärmen können. Im Standl 20 auf dem Elisabethmarkt ist die Temperatur des Getränks eher Nebensache, denn in die Tasse kommt echter Gourmetkaffee eines jungen Dachauer Rösters: Johannes Bayer hat sich neben seinem Lehramtsstudium auf das Veredeln feinster Bohnen spezialisiert und ist dann erst gar nicht in seinem Beruf angetreten, sondern beliefert seit einigen Jahren die gehobene Gastronomie von München über Berlin, London, Wien und Prag bis nach Chicago. Relativ neu gibt es nun sein kleines Café im Standl 20. Bodenständige Nachbarschaft ist ihm am liebsten. Nicht umsonst heißt sein Slogan „Da wos an Kaffee gibt". Der Laden ist schlicht und hell eingerichtet. Das größte ist die Theke aus Spaltholz. Den Pep bringt seine gastronomische Kreativität. Diese brachte ihm auch den jüngsten fizzz Award des Gastro-Magazins ein, das Bayers Händchen bei Röstungen, Zubereitungsarten und ausgefallenen Snacks lobte – und das auf gerade einmal 20 Quadratmetern. Sein neuer Liebling ist aktuell der Mokka. Hier verkünstelt sich Bayer erst gar nicht beim Rösten oder gar dem Import einer speziellen Bohne aus dem Jemen, sondern bietet seinen Gästen jede sortenreine Röstung auch in der Variante Mokka an. Diese wird dann extra fein gemahlen und im Sandbett aufgekocht. Dazu gibt es Baklava aus dem Libanon, das ganz untypisch schmeckt: Man beißt auf knusprigen Filoteig, in der Mitte schmeckt man Marzipannoten aus Nuss und Mandel.

Ansonsten kann man im Standl 20 alle Sorten probieren, die Bayer aktuell geröstet hat. Barista Paul berät gerne und lässt die Kunden an den Bohnen schnuppern. Zur Auswahl stehen immer circa ein Dutzend. Es gibt auch einen House Blend, der je nach Saison wechselnde Bohnen enthält. Als Geschmackserlebnis soll er aber immer voll, cremig, süßlich und mit Frucht sein. Bayer verwendet ausschließlich Arabica, Robusta ist bei ihm tabu. Er sagt von sich selbst, dass er heller als fast alle anderen röstet. Er setzt die Bohnen nur bis maximal 15 Minuten der Hitze aus und geht beim Filterkaffee bewusst mit der Temperatur höher, um die Fruchtsäure zu erhalten. Sein Kaffee soll erfrischend und fruchtig sein.

Unbedingt probieren:
den House Blend.

36

SPECIALS:
COLDBREW
· MIT MILCH
· MIT TONIC
HAUSGEMACHTER
KAFFEEPUNSCH
MOKKA mit BAKLAVA
FÜR 1
FÜR 2   5,80

Standl
20
DA WO'S AN
KAFFEE GIBT

Montag bis Samstag: 8:30 bis 17 Uhr

Elisabethmarkt, Elisabethplatz Stand Nr. 20,
80796 München, Tel. 089-45231425, www.standl20.de

necado Kaffeeladen.

Schwarz, heiß und süß.

Wer das necado betritt, dem sticht sofort das Zitat auf der Rückwand der Bar ins Auge: „Der Kaffee muss schwarz sein wie der Teufel, heiß wie die Hölle, rein wie ein Engel und süß wie die Liebe." Das hat einst einmal Charles-Maurice de Talleyrand-Périgord gesagt, ein Staatsmann aus der Zeit der Französischen Revolution. David Brinkmann, Inhaber des necado, hat es einfach ins Italienische übertragen und daraus den Namen seines Tagescafés kreiert. Von ne-ro (=schwarz), ca-ldo (=heiß) und do-lce (=süß) vereinen sich die ersten Silben zu necado. Und die stehen auch für die Produktgruppen, die Brinkmann im Laden unweit der Hohenzollernstraße in Schwabing anbietet. Schwarz ist die Bohne, heiß die Brühmethode und süß die Beilage, die es bei Bedarf auf die Hand gibt. Brinkmann ist studierter Betriebswirt und gelernter Barista. Mit dem bewusst klein gehaltenen Laden wollte er eigentlich nur für zwei Jahre testen, ob ihm die Selbstständigkeit und Gastronomie liegen. Mittlerweile gibt es das necado vier Jahre und er hat immer noch jeden Tag Lust, genau so weiterzumachen. Dazu bietet jeder Tag zu viele Geschichten. Zu den täglichen Kaffee-Stoßzeiten morgens und mittags füllt sich der Laden und die Stimmen der Gäste vermischen sich mit dem Zischen der beiden eingruppigen Marzocci. Sein Café ist bewusst puristisch als offener Raum ohne viele Sitzgelegenheiten gehalten, um den Menschen den Platz zu bieten und Begegnungen und Gespräche zu ermöglichen.

Im necado wird Kaffee der Münchner Rösterei Vits ausgeschenkt: die Nr. 1 „Einmal um die Welt", der etwas fruchtiger und milder schmeckt als die zweite Ausschanksorte, die Nr. 2 „Die Wiege des Kaffees", der intensiv und kräftig ist.

Während sich unter der Woche vor allem Stammkunden aus der Nachbarschaft treffen und sich schon morgens um halb neun über Tagespolitik austauschen, ist laut Brinkmann Samstag der „spannendste" Tag. Jede Konstellation kann sich ergeben: Taxifahrer spricht mit Millionär, Punk mit Banker.

Unbedingt probieren:
Special Bonbon. Er besteht aus einer Schicht Kondensmilch, auf die ein Espresso-Doppio geschüttet wird und erhält als Krönung etwas Milchschaum.

37

Dienstag bis Freitag: 7:15 bis 14:30 Uhr
Samstag: 9:15 bis 16:30 Uhr

Isabellastraße 48, 80796 München,
Tel. 089-21580554, www.necado.de

Café Himmelherrgott.

In eigener Mission.

Der Himmelherrgott ist der gute Freund von Gastronom Fritz Schneider. Das gleichnamige Café war lange im Westend an der Schwanthalerstraße als Kreativkonglomerat aus Fotostudio, Klamottenladen und Café zu Hause und musste letztlich wegen Hausverkaufs in den Westpark umziehen. „Seid erleuchtet", sagt Hausherr Schneider und grinst. Er kokettiert gern mit Missionierungsfloskeln, ist aber durch und durch Freigeist. Nur wenn es um Essen und Trinken geht, ist er kompromisslos und das heißt: vegan, bio und regional. Der gelernte Grafiker backt und kocht das meiste selbst. Zum Beispiel seinen New York Cheese Cake, Poppy Pie (Mohnkuchen) oder Altdeutsche Fruchtkuchen sowie mittags vegane Pizzen. Selbst zu rösten, darüber hat er auch schon nachgedacht. Bislang behilft er sich mit regionalen Röstern, die er von Zeit zu Zeit wechselt. Momentan brüht er eine Sorte des Weilheimer Green Cup Coffees. Einen Single Origin aus Brasilien: „Fazenda Nossa Senhora de Fatima". Die Bohne funktioniert gleichermaßen im Espresso wie mit Milch im Cappuccino oder als Filterkaffee – der Mahlgrad muss nur entsprechend angepasst werden. Wenn man an den brasilianischen Bohnen riecht und sie kurz darauf in der Tasse verkostet, versteht man, warum diese Sorte so viel kann: Sie duftet und schmeckt nach Kakao, Mandel und Karamell und erinnert an Milchschokolade.
Im kreativen Umfunktionieren ist Schneider geübt: Für das Ladenfenster hat er einen alten Bäckertisch restauriert, an dem man auf Hochstühlen sitzt und auf die Waldfriedhofstraße blickt. Im Mittelteil des Cafés steht eine Sitzbank „Anno-dazumal" aus dem Tölzer Bahnhof, die er zu einem Tisch umgearbeitet hat. Drumherum ist 50er-Jahre-Stil – mit Nierentischchen und Pastell. Zum Teil sind es noch Einrichtungsgegenstände des ehemals dort beheimateten Kult-Cafés und Konditorei Kubitschek. Nur Schluss ist jetzt mit Sahne- und Buttercremetorten. Da tut sich die etablierte Nachbarschaft noch schwer, die vorwiegend zum Kuchenholen gekommen ist. Dafür gibt es jetzt exzellenten Kaffee – und einen Segensspruch gratis dazu.

Unbedingt probieren:
hausgemachter Poppy Pie (Mohnkuchen).

38

Waldfriedhofstr. 105, 81377 München,
Tel. 0163-7393603, www.himmelherrgott.de

Montag: 11 bis 18 Uhr
Mittwoch bis Samstag: 11 bis 18 Uhr
Sonntag: 13 bis 18 Uhr

Caffè Fausto.

Kaffee aus der Kunstmühle.

Fausto ist wohl das am idyllischsten gelegene Café unter den Röstern unweit der Münchner Innenstadt: mitten in einem Landschaftsschutzgebiet auf einer Insel zwischen dem Auer Mühlbach und dem Kunstmühlenbach. Bis 2007 wurde hier Getreide zu Mehl gemahlen, heute surren nur noch elektrische Kaffeemühlen. Das Café befindet sich im ehemaligen Walzenboden der Kraemerschen Kunstmühle. Das über 150 Jahre alte Gebäude wurde aufwändig renoviert und strahlt in Kaminrot in die Landschaft. Vor zehn Jahren hat sich hier Harald Faust, der Gründer von Fausto Kaffee, eingemietet und ein Unternehmen aufgebaut, dessen Röstungen bei Kaffeeliebhabern in ganz Deutschland bekannt sind. Er war einer der Ersten, der einen Online-Handel mit schnellen Durchlaufzeiten aufsetzte. Es war die Zeit, als sich immer mehr Siebträger verkauften, aber italienische Bohnen nur im Supermarkt zu haben waren. Es gab kaum frisch gerösteten Kaffee in München und darüber hinaus keinen, der sich für Espresso und Co. eignete. Diese Lücke erkannte Faust so erfolgreich, dass er heute nicht mehr röstet und das Geschäft 2015 an seinen Mitarbeiter Klaus Wildmoser übergab, der nun die Philosophie der klassischen italienischen Röstgrade fortführt. So erinnern die beiden Hausmischungen, der Espresso „Monaco" und der Espresso „Giasing", geschmacklich an Mittelitalien. Wer auf deutlichere Röstaromen steht, kann den Espresso „Napoli" probieren. Das mit Abstand beliebteste Produkt bei den Kunden ist der Espresso „India Monsooned Malabar". Die Rohbohnen werden in offenen Lagerhäusern dem Monsunregen ausgesetzt. So verdoppeln sie sich in der Größe und erhalten einen würzigen, schokoladigen Geschmack. Es gibt auch eine Filterkaffee-Hausmischung, der sogenannte Jubiläumskaffee, den Fausto zum 10-jährigen Bestehen kreierte. Er bündelt Bohnen aus den besten afrikanischen Anbaugebieten. Filterkaffee wird, wenn dafür Zeit ist, in der Aeropress zubereitet, sonst im Mengenbrüher. Am Samstag ist in der Regel viel los. Die Städter genehmigen sich eine kleine Auszeit und genießen die Sonnenterasse mit Blick ins Grüne.

Unbedingt probieren:
Espresso „India Monsooned Malabar".

39

Birkenleiten 41, 81543 München,
Tel. 089-62231113, www.caffe-fausto.de

Montag bis Freitag: 11 bis 19 Uhr
Samstag: 10 bis 17 Uhr

Ladencafé Marais.

Nannini in der Tasse.

Gianna Nannini würde sicher gefallen, dass ihr Familienkaffee im Marais ausgeschenkt wird. Die italienische Rockröhre mag es ja gern unkonventionell. Und das trifft für das Ladencafé zu: In den Schaufenstern des ehemaligen Textilwarenhauses sitzen auf einem Podest Menschen bei Kaffee und Kuchen – als wären sie selbst Schaufensterpuppen oder Teil einer Live-Installation. Im Laden selbst scheint die Zeit still zu stehen. Das Inventar des alteingesessenen Familiengeschäftes Mier aus den 20er-Jahren wurde so gut wie möglich erhalten, selbst der Name steht noch außen an der Fassade über der Eingangstür. Der Hang zum Verspielten und Alten wird auch im Namen deutlich: Marais ist eines der populärsten Viertel der französischen Hauptstadt und steht für das alte Paris, für urtümlichen Charme und Bohemian Lifestyle. Das alles findet man auch in diesem Café im Münchner Westend. Dafür kommen viele Gäste aus anderen Stadtteilen extra hierher. Man fühlt sich als Teil einer Inszenierung, wenn man auf den historischen Möbeln sitzt zwischen all den schönen, kleinen, käuflichen Dingen. Kein Wunder, dass die drei Gründerinnen vor ihrer Gastro-Karriere an der Oper in der Ausstattung gearbeitet haben. Und sich von schönen alten Dingen nicht trennen können. So quillt der Laden über: historischer Schmuck, Tücher, Taschen, mechanisches Kinderspielzeug, eine Kollektion alter Kugelschreiber – und natürlich füllen die Schneiderschübe auch noch ein paar Kurzwaren aus Mier-Zeiten, die aber unverkäuflich sind. Aber nun zurück zum Kaffee. Mit dem Kauf des gebrauchten Siebträgers, einer Faema E61, fiel auch die Wahl für den A. Nannini Caffè. Der war eine Empfehlung des Verkäufers und schmeckt den Betreiberinnen bis heute. Seit 1943 röstet die Familie Nannini in der Nähe von Siena und tut dies für italienische Verhältnisse langsam und schonend. Die Bohnen sind nicht zu dunkel. Im Marais gibt es ausschließlich den „Nannini Classica". Er ist weich und harmonisch, mit leichter Zitrusfrucht, aber dennoch mit intensivem Kakao und Amaretto im Nachgeschmack.

Unbedingt probieren:
die hausgemachte Tarte Tatin.

40

Parkstraße 2, 80339 München,
Tel. 089-50094552, www.cafe-marais.de

Dienstag bis Samstag: 8 bis 20 Uhr
Sonntag: 10 bis 18 Uhr

RÖSTEREIEN UND CAFÉS
KLEINE KAFFEEKUNDE

GANZ SCHÖN INTERESSANT:
DIE BOHNE

Die Geschichte:
vom Teufelszeug zum Volksgetränk

Wein des Islam
¡
Die Entdeckung:
aufgedrehte Ziegen
¡
Die Verbreitung:
der Türkentrank
¡
Die Kultivierung:
die Kaffeehäuser
¡
Anbauländer und Handel:
Die Bohne reist um die Welt
¡
Das Volksgetränk:
Kaffee für alle

Bohnen, Sorten & Aufbereitung: Das kommt in die Tasse

Die Kaffeepflanze
↓
Die Arten: Arabica und Robusta
↓
Kaffeeregionen und ihre Charakteristika

Die Aufbereitung

Rösten, Zubereiten & Schmecken: ein Fest für die Sinne
↓
Das Rösten: lang & schonend
↓
Kaffeespezialitäten
↓
Zubereitungsmethoden: die Gerätschaften
↓
Schmecken

„INTERESSIERT MICH NICHT DIE BOHNE...",

lautet ein Sprichwort. Diese Redewendung ist jahrhundertealt und bedeutet so viel wie „überhaupt nicht/nicht im Geringsten". Warum aber ausgerechnet die Bohne? Bohnen sind klein und eine Bohne kommt nie allein daher. Das ist wohl richtig, aber im Falle von Kaffee sind Bohnen durchaus etwas wert. Sprach man doch früher beim Kaffeehandel sogar vom „Schwarzen Gold". Heute sind diejenigen Bohnen besonders wertvoll, die als Spezialitätenkaffees mühsam von Hand geerntet, aufbereitet und geröstet werden. Ein Kilo des teuersten Kaffees kann im Einkauf des Rohkaffees bis zu 1.000 Euro kosten. Das nachfolgende Kompendium gibt einen Überblick über alles Wissenswerte rund um die Bohne.

Wein des Islam

Äthiopien gilt als die Wiege des Kaffees. Von hier aus verbreitete sich das Getränk in die angrenzenden Länder und über das Rote Meer in den Jemen. Die ersten Kaffeepflanzen wurden in der äthiopischen Region Kaffa entdeckt. Der Name der Region war allerdings nicht namensgebend. Das Wort „Kaffee" leitet sich vom altarabischen „qahwah" ab, was „Wein" bedeutet. Das schwarze Getränk wurde so wegen seiner anregenden Wirkung genannt. Anstelle des für Moslems verbotenen Alkohols wurde Kaffee zum „Wein des Islam" – oder zum „arabischen Wein". Die anregende Wirkung des Kaffees beruht auf der Substanz Trimethylxantin, auch Koffein genannt. Sie ist auch in Kakao, Tee und der Cola-Nuss enthalten. Sie stimuliert das zentrale Nervensystem, sodass man sich geistig wacher fühlt.

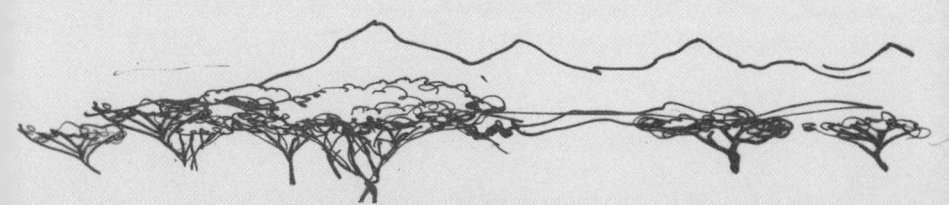

Die Entdeckung: aufgedrehte Ziegen

Um die Entdeckung der Kaffeepflanze ranken sich einige Legenden. Die berühmteste ist die Geschichte des Ziegenhirten Kaldi, die sich im Hochland Äthiopiens ereignet haben soll.

Der Sage nach suchte der junge Ziegenhirt Kaldi in der Provinz Kaffa seine Herde. Er hatte sie zum Weiden auf ein Hochplateau geführt. Er fand sie wild meckernd und aufgedreht unter Büschen mit grünen Blättern und roten Früchten. Weil ihn diese Entdeckung neugierig machte, kostete er die Beeren selbst. Von der stimulierenden und kräftigenden Wirkung begeistert, brachte er die Kirschen ins nächstgelegene Kloster. Die Mönche jedoch fürchteten sich vor dem Teufelszeug und warfen die Beeren ins Feuer. Kurz darauf stieg ein aromatisch-würziger Duft auf. Sie holten die Bohnen aus den Flammen und experimentierten an der Zubereitung mit heißem Wasser. Bald lernten sie das Getränk zu brauen, das wir heute Kaffee nennen. Sie betrachteten die Beeren als Geschenk des Himmels, weil es ihnen half, während der stundenlangen Gebete frisch und wach zu bleiben.

Die Verbreitung: der Türkentrank

Erst Mitte des 15. Jahrhunderts wird in Arabien wirklich Kaffee getrunken. Um diese Zeit begann auch der gezielte Anbau des Kaffees. Im Jahre 1454 soll ein Scheich im Jemen erste Kulturen mit Samen aus Äthiopien angelegt haben. Die jemenitische Hafenstadt Mokka wird zum Mittelpunkt der Kaffeekultur. Es eröffnen viele Kaffeehäuser. Deren Besuch allerdings war Männern vorbehalten. In der zweiten Hälfte des 15. Jahrhunderts verbreitet sich der Kaffee in ganz Arabien. Die vielen Pilger, die nach Mekka und Medina kamen, genießen dort ihren ersten anregenden „qahwah" und machen ihn im arabischen Raum bekannt.

Richtig in die Welt hinaus getragen haben den Kaffee die Türken, oder damals: die Osmanen. Sie eroberten Land in Syrien, Jemen und Ägypten und nahmen 1517 sogar Mekka und Medina ein. Somit lagen auch Kaffeeanbaugebiete auf ihrem neuen Terrain. Und auch die Osmanen liebten das schwarze Getränk und seine Vorzüge. Mit der Expansion des Osmanischen Reiches ab dem 16. Jahrhundert verbreiteten sich die Bohnen in Kleinasien, Syrien, Ägypten und im südöstlichen Europa. Es entstanden überall Kaffeehäuser. Auch viele Jahrhunderte später wird der Kaffee deswegen noch als „Türkentrank" bezeichnet. 1554 wurde das erste Kaffeehaus in Konstantinopel (heutiges Istanbul) eröffnet.

Die Kultivierung: die Kaffeehäuser

Anfang des 17. Jahrhunderts kam der Kaffeehandel in Schwung. Nachdem anfangs nur kleine Mengen als Souvenir aus den arabischen Staaten nach Europa kamen, trafen in den großen Hafenstädten wie Venedig, London, Amsterdam und Hamburg ganze Schiffe mit der Kaffeekirsche ein. Kaffee wurde zum Getränk der feinen und weltgewandten Gesellschaft. Zu dieser Zeit wurde er auf dem Herd gekocht, Brühgeräte oder –verfahren gab es noch nicht.

1645 eröffnete das erste Kaffeehaus Europas am Markusplatz in Venedig. Zwischen Tauben und Musik genoss hier die feine Gesellschaft das belebende Getränk. Von hier verbreitete sich die Kultur schnell in weitere Länder und Metropolen. 1650 folgte Oxford mit seinem ersten Kaffeehaus, 1652 London, 1659 Marseille, 1663 Amsterdam und Den Haag. 1672 erfolgte schließlich das Debüt in Paris und es wurde zum Treffpunkt der Dichter und Denker, der Schauspieler

und Politiker. Zur Zeit der Französischen Revolution waren die Kaffeehäuser Orte des Widerstands gegen die Monarchie. Der Sonnenkönig Ludwig XIV. wiederum, auch Fan des Getränks, ließ sich sogar einen eigenen Kaffeestrauch pflanzen.

In Deutschland entstand 1673 in Bremen das erste Kaffeehaus, Hamburg zog vier Jahre später nach. Zum ersten solchen Wiener Establishment gibt es eine schöne Geschichte, die aber auch eine Geschichte bleibt: Während der Befreiung von der türkischen Belagerung fanden die Wiener zwei Säcke mit seltsamen Bohnen, die sie für Kamelfutter hielten und verbrennen wollten. Schließlich fielen sie in die Hände des Offiziers und Dolmetschers Georg Franz Kolschitzky, der dann angeblich das erste Kaffeehaus gegründet haben soll. Aber alles erfunden: Tatsächlich führten armenische Handelsleute den Kaffee in Wien ein. Das erste Lokal entstand 1685.

Zunächst war Kaffee nur den Gutbetuchten vorbehalten, für das einfache Volk war der Besuch eines so feinen Lokals undenkbar und zu teuer. Erst als nach und nach der Kaffee billiger wurde, kam er in der Mitte der Gesellschaft an und Leute aller Schichten trafen sich zum Kaffeetrinken in den immer zahlreicheren Cafés. Bei einer anregenden Tasse tauschte man sich gerne über die politische und wirtschaftliche Situation aus. Eine Entwicklung, die nicht jedem damaligen Herrscher gefiel. So stellte der Preußenkönig Friedrich der Große das Kaffeetrinken sogar 1768 unter Strafe, vermutlich weil er Angst vor der aufrührerischen Wirkung des Koffeins hatte. Das Verbot konnte er sich aber bald nicht mehr leisten, weil Kaffee zu einem bedeutenden Handelsgut geworden war und so belegte er den Handel mit Einfuhrzöllen und Steuern.

Anbauländer und Handel:
Die Bohne reist um die Welt.

Die idealen Reifebedingungen für Kaffee befinden sich in den tropischen Zonen entlang des Äquators. Die Hauptanbaugebiete von Arabica-Kaffee liegen heute zwischen dem 23. Grad nördlicher und 25. Grad südlicher Breite in Brasilien, Kolumbien, Mexiko, Costa Rica, Guatemala und anderen Staaten Zentralamerikas. Der gern als Tieflandkaffee bezeichnete Robusta wächst am besten zwischen dem zehnten Breitengrad nördlich und südlich des Äquators in Indonesien, Brasilien, Vietnam, Elfenbeinküste und Uganda. Der Reihenfolge nach sind die

mengenmäßig größten Rohkaffeeproduzenten der Welt: Brasilien, gefolgt von Vietnam, Kolumbien, Indonesien, Äthiopien und Indien.

Noch im 16. Jahrhundert lag das Kaffeemonopol im Südjemen. Die Araber bauten fast sämtliche gehandelten Früchte an. Sie waren sehr darauf bedacht, ihr Monopol zu schützen und darauf zu achten, dass keine Kaffeepflanze in fremde Hände kam. Sie überbrühten sogar keimfähige Bohnen mit heißem Wasser, um sie unfruchtbar zu machen. Dennoch gelang es, Samen außer Landes zu schaffen, zu sehr lockte das große Geschäft rund um den Handel des „Schwarzen Goldes". Bald besaßen die Kolonialmächte Niederlande, Spanien und Portugal Pflanzen, die sie in ihre besetzten Gebiete mit den passenden klimatischen Bedingungen brachten. So ließen die Holländer Plantagen unter anderem in Cylon, später auch auf Java, Sumatra und Bali anpflanzen.

Im Laufe des 18. Jahrhunderts wurde Kaffee zu einem der bedeutendsten globalen Handelsgüter. Er wuchs überall auf der Welt, vermutlich ab circa 1727 auch im später ertragsreichsten Anbaugebiet Brasilien. Eng mit der Erfolgsgeschichte der Bohne ist die Ausbeutung der Arbeiter verbunden. Die Kolonialherren verschifften Sklaven aus Afrika in die Anbaugebiete. Wer nicht auf der Reise starb, musste unter menschenverachtenden Bedingungen auf den Feldern arbeiten.

Ab dem 19. Jahrhundert vereinfachte sich der weltweite Kaffeehandel: durch die Dampfschifffahrt und die Industrialisierung. Ebenso erleichterten neue Kommunikationsmittel wie die Telegrafie das internationale Geschäft. So konnten beispielsweise die Rohkaffeepreise an der Börse schneller durchgegeben werden. Heute hat sich der weltweite Handel weiter ausdifferenziert. Mehr als 70 Staaten bauen Kaffee an, von denen ein großer Teil zu den Schwellenländern und Entwicklungsländern gehört. Bis der Kaffee in der Tasse landet, hat er folgende Schritte in der Wertschöpfung hinter sich: Der Farmer baut an und lässt ernten, die Einkäufer handeln den Preis aus und exportieren hauptsächlich via Containerschiff nach Europa in die Hafenstädte Hamburg und Bremen. Entweder noch einmal über einen Zwischenhändler oder direkt danach gelangen die Bohnen zum verarbeitenden Betrieb. Mittlerweile gibt es auch im Zuge des Fair-Trade-Gedankens immer mehr direkte Handelspartnerschaften zwischen Plantagenfarmern bzw. Kooperativen und Röstereien.

Weltweit werden jährlich knapp 150 Millionen Säcke à 60 Kilogramm Rohkaffee produziert. Wertmäßig ist Kaffee damit nach Rohöl der wichtigste Rohstoff und nach Wasser das am häufigsten konsumierte Getränk der Welt.

Das Volksgetränk: Kaffee für alle

Mit der Industrialisierung wurde Kaffee im Laufe des 19. Jahrhunderts zum Volksgetränk. Gut situierte Bürger und die feinen Leute tranken ihn fortan täglich morgens und nachmittags aus der Porzellantasse. Wegen seiner sättigenden Wirkung kochte er als Kaffee-Brotsuppe auf den Herden der armen Leute. Sie wärmte die Menschen von innen, ließ den Hunger verschwinden und hielt wach – die perfekte, einfache Nahrung für Fabrikarbeiter. Er beflügelte aber auch die Künstler und Literaten. Der französische Schriftsteller Balzac soll sich täglich mit unzählig vielen Tassen starken Kaffees in einen Rauschzustand versetzt haben, in dem er seine bedeutendsten Werke schrieb. Schon zwei Jahrhunderte vorher (1732) schrieb Johann Sebastian Bach seine sogenannte Kaffeekantate „Schweigt stille, plaudert nicht".

Im Lauf der Zeit entstanden viele Produkte, die das Kaffeezubereiten vereinfachten. 1901 erfand der Japaner Dr. Sartori Kato den löslichen Kaffee, der ab 1938 von der Firma Nestlé als Instantkaffee vermarktet wurde. 1905 entwickelte Ludwig Roselius den entkoffeinierten Kaffee, den er als „Kaffee HAG" weltweit etablierte. Die deutsche Hausfrau Melitta Bentz kreierte schließlich 1908 den Kaffeefilter, durch den heute noch das Wasser-Pulver-Gemisch sickert.

In Italien reichte 1938 Archille Gaggia das Patent für den Vorläufer des heutigen Siebträgers ein: einen Zylindermechanismus, der das Wasser bei hohem

Druck durch den gemahlenen Kaffee presste. Die Zubereitung eines einzelnen Espressos dauerte so nur noch Sekunden. Er gilt zwar nicht als der Erfinder – schon andere hatten vor ihm an so einer Maschine getüftelt – aber als der erste, der dafür erfolgreich patentiert wurde. Er ist damit einer der Wegbereiter der berühmten italienischen Kaffeekultur.

In Deutschland wurde Kaffee nach dem Zweiten Weltkrieg zum Symbol für bessere Zeiten und das Wirtschaftswunder. Kaffeetrinken hieß, sich wieder etwas leisten zu können. Mitte der 50er-Jahre kam der sogenannte Wigomat auf den Markt, die erste Filterkaffeemaschine.

Der Kaffeekonsum lässt sich grob in drei Wellen unterteilen. Die sogenannte Erste Welle (1930 bis 1960) kam mit dem abgepackten gemahlenen Kaffee, der für jeden erschwinglich im Supermarkt zu kaufen war. Vornehmlich bereiteten ihn die Deutschen klassisch als Filterkaffee zu. Die Zweite Welle (1960 bis 1990) hatte den Siebträger im Fokus. Im weiteren Verlauf entstand das Außer-Haus-Geschäft mit neuen Kaffeekreationen wie Latte Macchiato oder Mix-Getränken mit Sirup und künstlichen Aromen. Auch das Pad- und Kapsel-Geschäft kam am Ende dieser Phase schon auf.

Die jetzige „Third Wave" besinnt sich wieder auf das Wesentliche, den Rohstoff. Kaffee ist der neue Wein, mit mindestens so vielen Aromen und Assoziationen für den Gaumen. Den Kaffeeliebhabern ist wichtig, zu wissen, woher die Bohnen kommen, dass sie ökologisch angebaut und schonend geröstet werden. Eine gute Bohne, ein einfacher Keramikfilter und Sachverstand reichen aus, um einen hervorragenden Kaffee zu brühen.

Rund 150 Liter trinken die Bundesbürger im Durchschnitt – und somit mehr als Wasser oder Bier. Im internationalen Vergleich liegen sie damit unter den Top 6. Angeführt wird die Liste von den Skandinaviern mit Finnland an der Spitze, gefolgt von Schweden und Norwegen.

Bohnen, Sorten & Aufbereitung:
Das kommt in die Tasse.

Die Kaffeepflanze

Kaffee gehört zur Familie der Rötegewächse (lat. Rubiaceae) und ist somit verwandt mit dem Labkraut und Waldmeister. Die Kaffeekirsche selbst wächst an Sträuchern oder aber auch an Bäumen, die eine Höhe von bis zu zehn Metern erreichen können. Bäume dieser Größe findet man allerdings nicht auf Plantagen, sondern nur in der freien Natur. Für die Ernte wären solche Riesen zu unhandlich. Bis eine frisch gepflanzte Kaffeepflanze erste Früchte trägt, vergehen bis zu vier Jahre. Die erntefähige Kaffeekirsche ist kräftig rot, die noch nicht reifen Beeren grün. Die Kaffeefrucht reift sehr langsam. Ein- bis zweimal im Jahr ist Erntezeit – je nach Art der Pflanze, Klima und Bodenbeschaffenheit. In dieser Zeit lagern sich in der Kirsche auf winzigstem Raum 1.500 Stoffe ein, der bekannteste darunter: das Koffein. Weltweit stetig zunehmend ist die Zahl der ökologisch nachhaltig wirtschaftenden Farmen. Ihre Produkte kommen in Deutschland als Bio-Kaffees auf den Markt. Für die hochwertigen Spezialitätenkaffees wird von Hand geerntet, sodass nur rote Früchte gepflückt werden. Bei der maschinellen Ernte werden alle Erzeugnisse mitgenommen, was beim Rösten zu einem weniger bekömmlichen und schmackhaften Ergebnis führt.

Die Arten: Arabica und Robusta

Es gibt zwar eine Vielzahl von Arten, aber für den normalen Kaffeekonsum spielen nur zwei eine bedeutende Rolle: Arabica und Robusta. Der Arabica-Kaffee ist mit einem weltweiten Marktanteil von knapp 60 Prozent der bedeutendste Vertreter. Er wird auch als so genannter Hochlandkaffee bezeichnet. Qualitativ hochwertiger Arabica gedeiht in tropischen Höhenlagen. Er verträgt weder große Hitze über 25 Grad noch Frost, ideal sind vulkanische Böden. Wegen des geringeren Sauerstoffgehalts in der Höhe reift der Kaffee langsamer, die Bohnen reichern mehr Aroma an und besitzen weniger Säure. Arabica-Pflanzen sind nicht so ertragreich wie Robusta. Diese Bohne wiederum nimmt nahezu den verbleibenden Rest des Marktanteils ein. Sie wird auch Tieflandbohne genannt – auf Grund ihrer niedrigeren Anbauhöhe von 200 bis 600 Metern. Sie reift schneller und ist auch widerstandsfähiger gegen Parasiten, Krankheiten und Hitze. Die Bohnen sind kleiner und schmecken eher erdig und bitter, außerdem sind sie erheblich preiswerter als Arabica. Supermarktkaffee besteht häufig zu einem großen Anteil aus günstigem Robusta.

Kaffeeregionen und ihre Charakteristika

Sortenreiner Kaffee ist so unterschiedlich wie die Länder und Kulturen, in denen er angebaut wird. Nachfolgend ein Überblick über die weltweit wichtigsten Anbaugebiete und ihre Besonderheiten.

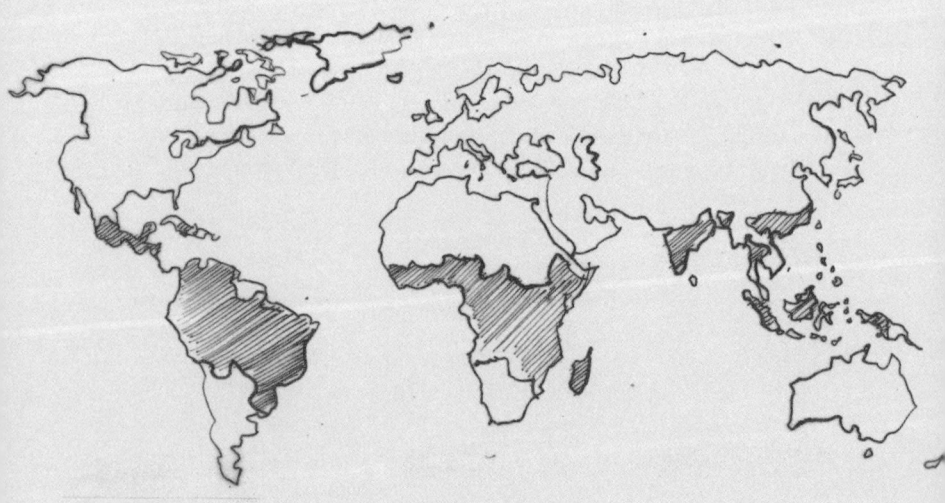

Äthiopien

Äthiopien ist das Ursprungsland des Kaffees. Und nimmt noch heute eine Sonderrolle ein: Die Kaffeepflanzen wachsen zumeist wild auf naturbelassenen Flächen im Hochland. Es verfügt über eine einzigartige Vielfalt an Sorten. Äthiopische Bohnen sind bekannt für ihren eleganten Geschmack mit Zitronen- und Blumennoten. Die wesentlichen Anbaugebiete heißen Gimbi/Lekempti, Limu, Sidamo, Yirgacheffe und Harrar. Geschmacklich lassen sie sich wie folgt charakterisieren: Gimbi/Lekempti fruchtig, Limu lieblich-weinartig, Sidamo süßlich, Yirgacheffe blumig-würzig und Harar erdiger Mokka.

Kenia

Kenias Kaffee vereint Extreme in sich: Er gilt gleichzeitig als einer der aromatischsten, aber auch säurehaltigsten. Bei richtiger Röstung sind Säure und Körper ausgewogen und er schmeckt vollmundig und saftig nach Zitrus mit Anklängen von roten Beeren und weiteren fruchtigen Noten. Aufgrund des komplexen Aromenzusammenspiels wird er auch gern als der Wein unter den Kaffees bezeichnet. Der Kaffee wächst direkt am Äquator auf roter Erde – die Farbe steht für den hohen Aluminium- und Eisengehalt. Dieser Tonboden trägt unter anderem auch zum Geschmack bei. Bekannte Anbaugebiete sind Nyeri, Meru und Kirinyaga. Kenianische Bohnen werden in Handelsklassen eingeteilt. PB (Peaberry = Perlbohnen) sind die besten, gefolgt von AA Plus-Plus, AA Plus, AA, AB usw.

Tansania

Der tansanische Kaffee hat weniger Säure und ein leichteres Aroma als der kenianische. Das Land bringt den klassischen Kaffeegeschmack in die Tasse: süßlich-fruchtig mit einer feinen aromatischen Fülle. Es wird überwiegend Arabica angebaut, circa ein Drittel der Fläche umfasst Robusta. Diese Tieflandbohnen werden vor allem am Victoria-See kultiviert. Im Osten rund um den Kilimandscharo wachsen im Hochland auf vulkanischem Boden einige der besten Kaffees. Sie besitzen eine edle Säure und entfalten Anklänge an Steinobst wie Pfirsiche und Aprikosen. Eine Besonderheit bei den Erträgen ist der relativ große Anteil an Perlbohnen, der höchsten Güteklasse. Sie sind geschmacksintensiver, da sie als Einzelbohnen in einer Kirschblüte reifen. Normale Kaffeefrüchte tragen stets zwei Bohnenhälften.

Burundi

Die Belgier führten in den frühen 1930er-Jahren den Kaffee in Burundi ein. Kleinbauern züchten auf den Hochplateaus von 1.500 bis 2.000 Meter Höhe sehr aromatische Arabicas, die meist Bio-Qualität haben, weil für Dünger oder Pestizide das Geld fehlt. Wurden früher die Erzeugnisse von mehreren Farmen vermischt, kann man seit der Liberalisierung des Kaffeemarktes Bohnen von nur einer Farm und damit sehr guter Qualität kaufen. Der süßlich zitrusfrische Geschmack des Burundi-Kaffees kommt am besten durch eine helle Röstung zur Geltung..

Ruanda

Es ist das Land der tausend Hügel. Die Landschaft durchziehen sanft geschwungene, grasbewachsene Berge. Hier befindet sich noch eines der letzten Gebiete im östlichen Afrika, in dem Berggorillas in freier Wildbahn leben. Das Aroma des Ruanda-Kaffees wird auch gern als grasig beschrieben. Ruanda liefert gute Qualitätskaffees aus gewaschenen Arabica-Bohnen, die weich, mild und blumig-karamellig munden.

Uganda

Das Land gehört weltweit zu den wichtigsten Robusta-Produzenten. Hier wächst die Tieflandbohne in einigen Gebieten sogar noch wild. Der ugandische Robusta ist sehr würzig bei nur leichter Säure. Er ist dadurch sehr bekömmlich und hat einen intensiven Geschmack. Die beste Arabica-Sorte, Bugisu, ist vollmundig und hat Schokoladen- und Waldbeernoten.

Malawi

Malawi steuert nur kleine Ertragsmengen zum weltweiten Kaffeemarkt bei. Aus den Bohnen werden feine, süßliche Kaffees mit floralen Noten. Im Süden des länglich-schmalen Landes in den Thyolo Highlands reifen würzig-kräftige Arabicas mit feinen fruchtigen Noten, die den klassisch afrikanischen Geschmack repräsentieren.

Jemen

Der Jemen steht für kräftigen Mokka, benannt nach der gleichnamigen Hafenstadt. Auf den fruchtbaren Hochebenen ziehen die Bauern viele verschiedene Mokkasorten. Noch heute wird der Kaffee wie vor 400 Jahren auf den Dächern der Wohnhäuser getrocknet. Traditionell im Sandbett aufgekocht, verbreitet er einen intensiven Duft nach Holz, Erde, Gewürz und Tabak. Mitunter schmeckt man auch beerige Aromen.

INDOPAZIFIK

Indonesien

Nur knapp zehn Prozent der indonesischen Gesamternte machen Arabica-Bohnen aus. Diese werden auf den Inseln Sumatra, Sulawesi und Java angebaut. Indonesien ist das Land der Robusta-Bohne. Der Inselstaat ist nach Vietnam der bedeutendste Exporteur der Tieflandbohne. Daher ist der indonesische Kaffee ein beliebtes Produkt bei Mischungen. Er hat einen erdigen und durchdringenden Geschmack mit zum Teil kräutrigen Noten.

Indonesien steht für zwei Kaffeeraritäten: den teuersten Kaffee der Welt. Er heißt Kopi Luwak (Katzenkaffee) und wird je Kilo zu 1.000 US-Dollar gehandelt. Es werden jährlich nur wenige hundert Kilogramm produziert, die Herstellung ist auch sehr ungewöhnlich. Eine Schleichkatze frisst die Kaffeekirschen und scheidet die Früchte wieder aus. Die Bakterien und Enzyme im Darm ziehen die Bitterstoffe aus der Frucht und geben ihr besondere Aromen: Der Kaffee schmeckt würzig, mit leichten Karamell- und Schokoaromen.

Die zweite Spezialität ist der indonesische Lagerhauskaffee. Früher waren die Bohnen in den Säcken oft lange auf den Weltmeeren unterwegs. Wind und Salzwasser setzen eine Fermentierung in Gang. So erhielt der Kaffee einen eigenen Geschmack. Heute ahmt man dieses Verfahren nach, indem man die Bohnen zum Teil bis zu fünf Jahren dem feucht-warmen Monsunklima aussetzt. Dadurch baut der Kaffee seine Säure ab. Er entwickelt eine außergewöhnliche süßlich-würzige Geschmackstiefe, die an Waldboden, Herbstlaub und Pilze erinnert. Verkauft wird er als „Old Government", „Old Brown" oder „Old Java".

Sumatra

Sumatra ist die zweitgrößte Insel Indonesiens. Vor allem Kleinbauern erzeugen den weltweit vielleicht kraftvollsten Kaffee. Sie nutzen zur Aufbereitung eine spezielle Methode, die den Bohnen eine jadegrüne Farbe verleiht. Es entsteht dadurch ein säurearmer Kaffee mit wuchtiger Fülle und konzentrierten Aromen nach Zedern, Kräutern und Leder. Der Sumatra Mandheling gilt als einer der körperreichsten Hochlandkaffees. Charakteristisch ist sein volles Aroma, seine feine Säure mit einer würzig-erdigen Note und langem Nachhall im Abgang.

Java

Java produziert Kaffee, seit die Niederländer die ersten Arabica-Sträucher vor über 300 Jahren pflanzten. Allerdings machen heute 90 Prozent der Ernte Robusta aus. Auf Grund seiner sehr guten Qualität und des kräftigen Geschmacks wird er gerne für Espressomischungen verwendet. Der Java-Kaffee ist füllig mit Aromen von Nüssen und Schokolade, eventuell entdeckt man auch noch schwach schwarzen Pfeffer und Leder.

Sulawesi

Sulawesi besitzt unter den indonesischen Inseln die meisten Arabica-Sträucher. Der Kaffee gilt als der aromatischste des Inselstaates. Er besitzt eine sirupartige Textur, ausgeprägte Fülle, wenig Säure und entwickelt komplexe süß-würzige Aromen. Einer der besten Hochland-Arabica ist nach dem einheimischen Volk der Toraja benannt.

Java

Java produziert Kaffee, seit die Niederländer die ersten Arabica-Sträucher vor über 300 Jahren pflanzten. Allerdings machen heute 90 Prozent der Ernte Robusta aus. Auf Grund seiner sehr guten Qualität und des kräftigen Geschmacks wird er gerne für Espressomischungen verwendet. Der Java-Kaffee ist füllig mit Aromen von Nüssen und Schokolade, eventuell entdeckt man auch noch schwach schwarzen Pfeffer und Leder.

Indien

Der indische Kaffee wächst auf Plantagen von Kleinbauern in der Nachbarschaft von aromatischen Früchten und Gewürzen wie Vanille, Kardamon, Mangos und Bananen. Zu 40 Prozent werden Arabica angebaut, die verbleibenden 60 Prozent entfallen auf Robusta. Die Erträge werden gerne für Kaffeemischungen verwendet, weil sie köperreich und kräftig sind. Bekannt ist vor allem der indische Monsun-Kaffee, der als Single Origin ein Verkaufsschlager ist. Er hat seinen aromatischen Ursprung in der Verschiffung der Bohnen. Früher wurden sie monatelang auf Segelschiffen in die Zielhäfen transportiert. Dabei gingen die Bohnen dank des Salzwassers und der Monsunwinde auf, veränderten ihre Farbe ins gelbliche, bauten Säure ab und bekamen ein besonderes Aroma. Heute ahmt man das Verfahren nach, indem die gepflückten Bohnen wochenlang in offenen Lagerhäusern den Monsunwinden ausgesetzt werden.

Papua-Neuguinea

Papua-Neuguinea ist mit rund 600 Inseln im Pazifik der drittgrößte Inselstaat der Welt. Etwa 80 Prozent der Landesfläche werden von der Insel Neuguinea eingenommen. Den Kaffee produzieren hauptsächlich kleine Plantagen im Hochland, die meist nicht mehr als 60 Kaffeebäume umfassen. 1927 kultivierte man die Samen der berühmten „Jamaika Blue Mountain"-Kaffeevarietät. Er wächst hier unter idealen klimatischen Bedingungen auf vulkanischen Böden in Höhenlagen bis 1.800 Metern. Experten sind sogar der Meinung, dass der Blue Mountain aus Papua-Neuguinea dank der besseren klimatischen Bedingungen und der größeren Höhe noch komplexer und schmackhafter ist.

Thailand

Thailand hat man als Kaffeeland nicht wirklich auf dem Schirm. Hier werden vor allem Robusta-Bohnen geerntet. Mit zu den teuersten Kaffees der Welt gehört der „Black Ivory Coffee". Pro Jahr werden davon nur etwa 50 Kilo erzeugt. Der Preis für eine Tasse liegt durchschnittlich bei 40 Euro. An der Veredelung der Bohnen sind Elefanten beteiligt. Die Dickhäuter fressen die Kaffeekirschen. Enzyme in ihrem Darm spalten die Proteine auf und neutralisieren die Bitterstoffe. Sie scheiden die Frucht dann wieder aus und damit einen der mit teuersten Kaffees der Welt.

Vietnam

Das Land ist der zweitgrößte Kaffeeproduzent weltweit. Vor allem werden Robustas angebaut, die als „Füllermaterial" vornehmlich in Industriekaffees fließen. Die Qualität der Bohnen ist eher im unteren Durchschnitt. Angesichts der wenigen Höhenlagen in Vietnam ist es schwierig, Qualität zu erzeugen. Es gibt nur wenige Farmer, die sich an Arabica basierten Spezialitätenkaffees versuchen. Die gelungenen Erzeugnisse haben Nuancen von Kakao und nussige Aromen.

Brasilien

In Brasilien wächst mehr Kaffee als in jedem anderen Land. Die Hälfte davon trinken die Brasilianer selbst: den medizinisch schmeckenden Rio. Das Gros der Erzeugnisse wird maschinell geerntet, so dass auch unreife Früchte in die Säcke gelangen. Die Qualität der Massenware ist mittelmäßig. Das Land ist so groß und der Anbau so vielfältig, dass es nicht nur einen Typus des brasilianischen Kaffees gibt. Aus Bahia im Südosten des Landes kommen exzellente Arabica-Bohnen. Die Farmer lassen die Kaffeekirschen von Hand pflücken und trocknen sie langsam in der Sonne, sodass das Aroma aus dem Fruchtfleisch in die Bohne zieht. Es entsteht ein natürlich süßer und fruchtiger Kaffee mit wenig Säure und relativ viel Koffein. Noch etwas südlicher in Sul Minas reifen auf bis zu 1.600 Metern Spezialitätenkaffees mit Zitrus- und Blumennoten.

Kolumbien

Kolumbien steht für Qualität. Es ist der weltweit größte Erzeuger von nass aufbereitetem Arabica. Die Bohnen werden im sogenannten Kaffeedreieck, den Provinzen Risaralda, Quindio und Caldas, gewonnen. Der feinste Kaffee stammt aus der Region Medellín. Er ist kraftvoll, aber samtig, ausgewogen in der Säure, und besitzt süßliche Nussaromen. Das Land verkauft sogar direkt einen seiner Topkaffees in der ganzen Welt: den „Gran Café de Caldas", ein sortenreiner Arabica aus der Andenprovinz Caldas.

Bolivien

Der bolivianische Kaffeemarkt war lange Zeit nicht im Fokus von Händlern, weil das Land keinen eigenen Hafen besitzt und die Bohnen erst nach Peru gebracht und von dort verschifft werden müssen. Die Bauern ziehen vor allem säurearme Arabica-Sorten. Nahezu alle Kaffeeregionen liegen im Nord-Westen des Landes, im „Departamento La Paz". Der Anbau erfolgt fast flächendeckend biologisch, ohne Einsatz von Düngern. Die Sorten entfalten sich in der Tasse in zwei Richtungen: Manche besitzen bei heller Röstung Frucht- und Beerennoten, die anderen munden cremig und schokoladig.

Peru

In den Regenwäldern an den östlichen Ausläufern der Anden wächst der peruanische Arabica. Der Großteil der Kaffeepflanzen steht in schwer zugänglichen Gebieten, sodass die Bohnen auf natürliche Weise in Bio-Qualität reifen. Vor allem in Deutschland bekannt sind die Erzeugnisse der Kooperative PachaMama, was bei den Völkern der Anden „Personifizierte Mutter Erde, Göttin des Lebens" bedeutet. Die Farmer ernten ihre Früchte im Hochland von Chanchamayo. Der Kaffee ist sehr ausgewogen und besitzt eine erlesene Säure. Er ist fruchtig-süß mit Aromen von Schokolade und Mandeln.

Guatemala

Kaffee aus Guatemala gilt als einer der besten Kaffees der Welt, vor allem die Früchte aus der Gegend der alten Hauptstadt Antigua. Dort herrschen ideale

Bedingungen: Höhenlagen bis 2.000 Meter, regelmäßiger Niederschlag und fruchtbarer Vulkanboden. Es entsteht ein Kaffee nahezu vollkommener Fülle mit würziger, leicht rauchiger Note und intensiver Schokolade. Er schmeckt stark und herzhaft, ist aber gleichzeitig ein eher milder Kaffee. „Strictly Hard Bean" (SHB) beschreibt den besten Kaffeegrad in Guatemala.

Ecuador

Einige der Arabicas wachsen an den Hängen der Anden auf den am höchsten gelegenen Plantagen der Welt. Im Süden des Landes in der Provinz Loja liegt auf 1.500 Metern das Dorf Vilcabamba. Es hat vor allem als das „Tal der Hundertjährigen" von sich Reden gemacht. Die Menschen hier werden steinalt. Angeblich ist die hohe Dichte von erstaunlich gesunden Über-Hundertjährigen auf das gesunde Klima zurückzuführen, das von negativ geladenen Ionen geprägt ist. In diesem heiligen Hochtal reift auch der „Vilcabamba"-Kaffee, der besonders verträglich, frisch und fruchtig ist.

Costa Rica

Die Regierung in Costa Rica regelt die Kaffeeproduktion zu ihrem Besten: Der Anbau von Robusta ist verboten und es gelten strenge ökologische Richtlinien, um das Ökosystem intakt zu halten und eine nachhaltige Kaffeewirtschaft zu sichern. Die qualitativ hochwertigsten Anbaugebiete sind Naranjo, Tarrazú und Tres Rios. Tarrazú Arabica stammt aus einem fast unberührten Bergtal, das bis zu 2.000 Metern über dem Meeresspiegel liegt. Der typische Tarrazú ist kräftig-würzig im Geschmack mit einem fruchtigen Körper und einem mandelartigen Abgang. Tres Rios ist mild und süß, mit spritziger Säure und ausgewogener Fülle.

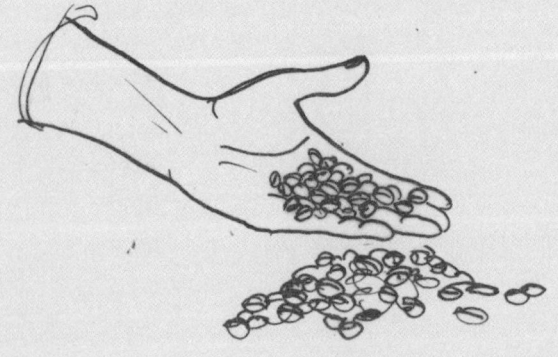

El Salvador

In El Salvador wird ausschließlich Arabica kultiviert. Die meisten Anbaugebiete liegen an Berghängen zum Meer hin und liefern Kaffee, der wie eine liebliche Brise anmutet. Er ist mild-aromatisch, besitzt einen feinen Körper und eine leichte Säure. Er entfaltet eine cremige Süße mit Anklängen an Schokolade und Karamell. Der beste Kaffee aus El Salvador wird mit „Strictly High Grown" bezeichnet.

Honduras

Honduras kennt man eigentlich als die „Bananenrepublik". Es war über viele Jahre der weltweit größte Bananenexporteur. Immerhin positioniert es sich heute als Kaffeeproduzent unter den Top 10. Kleinbauern kultivieren interessante, vielfältige Geschmacksprofile. Honduranischer Kaffee besteht rein aus Arabica-Anpflanzungen. Die höchsten Lagen bis 2.000 Meter zeichnen sich durch eine sehr gute Qualität und kräftiges Aroma aus. In der Region Copán entstehen körperreiche Kaffees mit Noten von Kakao und süßem Toffee. In Montecillos dagegen erinnern die Erzeugnisse an kenianische Bohnen. Sie sind reich an Säure, mineralig und haben Zitrusaroma.

Nicaragua

In diesem mittelamerikanischen Staat sind die Berge noch vielfach aktiv, deshalb wird es auch das „Land der Tausend Vulkane" genannt. An den grünen Hängen gedeihen die Kaffeesträucher auf mineralstoffreichen Böden. Die besten Kaffeeregionen sind Matagalpa, Jinotega und Nueva Segovia. In Matagalpa wachsen Früchte, die der typischen Vorstellung einer guten Tasse Kaffee entsprechen: ein voller Körper mit cremiger Textur und zarten floralen Noten. Bohnen aus Jinotega bilden einen milden und ausgewogenen Kaffee, mit dem Aroma von Beeren, reifen Kirschen und einem Hauch von Karamell.

Panama

Kaffee aus Panama ist noch recht unbekannt, obwohl er weltweit als Gourmetprodukt gilt. Die Farmer sind sehr gut ausgebildet. Viele der ersten Kaffeebauern waren europäische Ingenieure, die beim Bau des Panamakanals geholfen hatten. Die feinsten Bohnen wachsen im Norden rund um die Stadt Boquete. Die Hochland-Arabicas sind von zarter, süßlicher Struktur mit einer lebendigen, erfrischenden Säure sowie floralen bis fruchtigen Aromen. Hier wächst einer der teuersten Kaffees der Welt: die Sorte Geisha. Sie kam 1930 aus Äthiopien über Costa Rica nach Panama. Das Schöne an diesem Kaffee ist, auch ein Laie schmeckt sofort, dass besondere Bohnen in der Tasse sind: Sie entfalten komplexe florale Aromen aus Jasmin und Bergamotte, viele erinnert es an köstlichen Tee.

NORDAMERIKA UND KARIBIK

Mexiko

Mexiko steht an sich für Masse, was die Kaffeeproduktion angeht, aber immer mehr auch für Klasse: Die besseren Bohnen dürfen den Namenszusatz „Altura" tragen, was auf ein hoch gelegenes Anbaugebiet hinweist. Solche erstklassigen Kaffees werden in den Regionen Oaxaca, Veracruz und Chiapas angebaut. Chiapas bringt einen frischen und leichten Kaffee in die Tasse, der nussig-fruchtig schmeckt. Eine Ausnahme sind die seltenen Maragogype-Elefantenbohnen. Sie werden heute vereinzelt in Guatemala, Nicaragua und Mexiko angebaut. Sie heißen so, weil sie zwei bis drei Mal größer als normale Bohnen sind. Sie schmecken frisch gebrüht mild und aromatisch mit duftiger Fülle und Anklängen von Nüssen und Kakao.

Puerto Rico

Puerto Rico hat eine Sonderrolle unter den Karibikstaaten: Es gehört zu den US-Außengebieten und wird daher entsprechend subventioniert, auch wirtschaftlich. Das Land legt bei seinen landschaftlichen Produkten weniger Wert auf Quantität, sondern auf hochwertige oder spezielle Produkte. Ein solches Erzeugnis ist der Kaffee „Yauco Selecto", der im Südwesten der Insel in der Gebirgsregion rund um Yauco auf 1.000 Metern auf fruchtbaren Tonböden wächst. Die Passatwinde der Karibik sorgen für ideale Temperaturen. Der Yauco überzeugt durch seine schwere Fülle, ausgeprägte Aromen von Tabak, Orangen und Bitterschokolade und durch seine feine Säure.

Hawaii

Kona Kaffee aus Hawaii ist Kult und amerikanische Spitzenhotels reißen sich um die edle Bohne. Auf der Hauptinsel gibt es nur ein Kaffeeanbaugebiet, das an den Westhängen der Vulkane Hualalai und Mauna Loa liegt. Der vulkanische Boden ist hier so fruchtbar, dass es als das ertragreichste Anbaugebiet der Welt gilt. Dennoch ist die Fläche nicht groß und bei aller Fruchtbarkeit ist Kona Kaffee dennoch eine Rarität. Er ist für seine natürliche Süße bekannt ist und zeigt sich cremig-sanft mit einem ausgewogenen Säureverhältnis.

Jamaika

In Jamaika an den Hängen der Blauen Berge wächst einer der teuersten Kaffees der Welt. Wegen des kühlen Klimas und der vielen Niederschläge gedeiht er sehr langsam und schonend. Durch die lange Reifezeit kann sich das besondere Aroma in den Kaffeekirschen entwickeln. Echter „Blue Mountain" hat eine weiche, mittlere Fülle mit edler, süßlicher Säure und Aromen von Nüssen, Ananas und Zitrusfrüchten. Genau wie beim Kona Kaffee aus Hawaii wirft das kleine Gebiet nicht viel Rohkaffee ab. Der Großteil der Erträge ist fest in asiatischer Hand. Schon ein Kilo Rohkaffee kostet über 60 Euro.

Dominikanische Republik

An die sonnigen Strände plätschert das karibische Meer, während sich im Landesinneren Gebirge mit Gipfelhöhen bis zu 3.100 Metern aufbauen. An deren Berghängen gedeihen – je nach Höhenlage – sehr fruchtige oder eher schokoladig-würzige Kaffees. Auf den Plantagen zwischen 1.200 und 1.500 Metern herrscht ein Mikroklima, das dem der jamaikanischen „Blauen Berge" sehr ähnlich ist. Die hier geernteten Bohnen haben eine feine Säure und sind sehr saftig. Sie entfalten ein fruchtiges Aroma, fast wie Orangensaft, mit Anklängen von Steinfrüchten wie Mango oder Mirabelle. Die Kaffees aus den tiefen Lagen sind voll, nussig und süß.

Kuba

Der Kaffeeanbau auf Kuba wurde immer mehr von Zuckerrohr und Tabak verdrängt. Im Süden des Landes reift an den Hängen des 1.974 hohen Pico Turquino ein komplexer Spezialitätenkaffee. Feinschmecker schätzen seine eigenwilligen Ausprägungen: Er ist kräftig und würzig, im Mund kommen Erde und kubanische Zigarre an. Dabei ist er „ relativ säurearm. Kubanischen Kaffee insgesamt charakterisieren ein voller Körper und ein leicht rauchiges Aroma. Der einzigartige Geschmack beruht auf den äußerst humus- und nährstoffreichen Böden. Die Bohnen reifen langsam und bekommen dadurch eine natürliche, aromatische Süße. .

DIE AUFBEREITUNG

Gepflückte Kaffeekirschen müssen aufbereitet werden, um die gelblich/grünen Kaffeebohnen herauszulösen. Jede Frucht enthält zwei Bohnen – mit Ausnahme der Perlbohnen (Peaberries), bei denen jede Kirsche nur einen Kern enthält.

Nasse Aufbereitung (washed)

Die nasse Aufbereitung erfordert etwa 150 Liter Wasser je Kilogramm Rohkaffee. Bei hochwertigen Kaffees werden nur reife Früchte in Wassertanks gefüllt. Dort wird zumeist mit Hilfe von Maschinen die äußere Schicht der Kirschen

entfernt (Pulpen). Die so gewonnenen Abfälle, Schalen und Teile des Fruchtfleisches, werden kompostiert und dienen als Dünger. Die verbleibenden Bohnen, die noch von Resten von Fruchtfleisch umgeben sind, gelangen nun bis zu
vier Tage in einen Gärungstank, in dem sich durch Fermentation das restliche
Fleisch löst. Nach diesem Prozess werden die Kaffeebohnen noch einmal gewaschen. Die Schleimschicht und eine Pergamenthülle lassen sich jetzt leicht
entfernen. Die gereinigten Bohnen werden dann getrocknet. „Gewaschener"
Kaffee zeichnet sich durch eine lebhafte, fruchtige Säure aus.

Trockene Aufbereitung (natural)

Bei dieser Methode werden die Kaffeekirschen zwei bis drei Wochen in der
Sonne getrocknet. Sie werden währenddessen ständig gewendet. Das wird so
lange fortgesetzt bis sich das Fruchtfleisch mit dem Silberhäutchen und der per-
gamentartigen Hülle von der Bohne trennen lässt. Bei diesem Vorgang findet
keine Fermentation statt. Dann werden die Bohnen gereinigt und verlesen. Tro-
cken aufbereiteter Rohkaffee ist gelblich und führt zu einem Kaffee mit mehr
Fülle und erdigen/fruchtigen Aromen.

Halbtrockene Aufbereitung
(pulped natural/honey processed)

Bei diesem Verfahren werden die Kaffeekirschen zunächst wie bei der nassen
Aufbereitung gepulpt, das heißt die Haut und Teile des Fruchtfleisches werden
im Wasserbad entfernt. Die so gewonnenen Bohnen mit Fruchtfleischresten
werden dann zum Trocknen in die Sonne gelegt. Weil sich dieses klebrige, ver-
bliebene Fruchtfleisch fast wie Honig anfühlt, entstand auch der Begriff „honey processed". Je nach Trocknungszeit und -technik unterscheidet man beim
„honey processed"-Kaffee die drei Stufen gelb, rot und schwarz. Bei der gelben
Stufe werden die Bohnen circa eine Woche in der Sonne getrocknet bis sie die
gewünschte hellgelbe Farbe erreicht haben. Die Trocknung zur roten Stufe er-
streckt sich über circa 14 wolkenreiche Tage. Für die schwarze Variante werden
die Bohnen auf einem Gestell dehydriert, das zusätzlich mit einer schwarzen
Folie bedeckt wird. Dieser „Black Honey" besitzt geschmacklich den reichsten
Körper und ist besonders würzig. Der „Schwarze" ist auch der teuerste „ho-
ney-processed"-Kaffee.

Das Rösten:
lang & schonend

Erst durch das Rösten entfalten die Bohnen ihr Aroma und nehmen ihre appetitlich braune Farbe an. Kaffee besitzt rund 800 Aromastoffe – damit weit mehr als jeder Wein. Bei der sogenannten Maillard-Reaktion werden Kohlenhydrate, freie Aminosäuren und Proteine ab- und umgebaut und es entstehen unzählige neue Verbindungen und damit die typischen Geschmacks- und Aromastoffe des Kaffees.

Geschmacklich das Beste aus den Bohnen herauszuholen, ist eine große Kunst und jeder Röstmeister hat da oft so seine eigene Philosophie. Die Röstdauer entscheidet über den optimalen Säuregehalt und wie sich die Aromen ausbilden. Generell gilt: Je länger der Röstprozess – in etwa zwölf bis 25 Minuten, desto mehr komplexe Aromaverbindungen entstehen. Die Temperatur sollte 250 Grad nicht übersteigen. Wird der Kaffee bei relativ niedriger Hitze lange, das heißt schonend, geröstet, werden die für den Magen unverträglichen Gerbsäuren abgebaut und er ist besser verträglich.

Die industrielle Röstung von Kaffee dauert nur etwa fünf Minuten. So können sich die Aromen nicht entfalten und gleichzeitig bleiben Bitterstoffe und Säuren zurück. Industriekaffee ist deshalb kalt getrunken ungenießbar – im Gegensatz zu einem Qualitätsprodukt. Das schmeckt bei jeder Temperatur.

Je nach Kaffeesorte und gewünschter Geschmacksrichtung legt der Experte das sogenannte Röstprofil fest. Mittlerweile gibt es hierfür auch Software und die technikaffinen Röster haben einen Laptop an den Trommelröster angeschlossen. Sie speichern je Bohnentypus den Röstverlauf mit der variablen Temperaturentwicklung und der Dauer des Vorgangs. Sie können ihn jederzeit wieder abrufen. Andere vertreten auch heute noch die Überzeugung, dass Rösten eine echte Handwerkskunst ist und verlassen sich dabei ausschließlich auf ihre Sinne, also Augen, Nase und Ohren. Es liegen nur Sekunden zwischen einem gelungenen oder einem missglückten Ergebnis. Orientierungshilfe für den Röster ist das Aufknacken (Cracking) der erhitzten Kaffeebohnen. Mit dem sogenannten First Crack beginnt die spannende Phase des Röstens und die Entwicklung des Kaffeegeschmacks. Die meisten Röstungen werden zwischen dem ersten und zweiten Knacken beendet. Zu dunkel sollte die Bohne nicht werden, sonst schmeckt sie verbrannt und bitter. Ist der gewünschte Röstgrad erreicht, muss der Kaffee möglichst schnell abgekühlt werden, damit er nicht weiter gart. Das geschieht über Kühlsiebe.

Kaffeespezialitäten

Espresso und Varianten

In seinem Ursprungsland Italien wird er nur als Caffè bezeichnet. Die Österreicher nennen ihn „Kleiner Schwarzer", bei den Franzosen heißt er „Café noir" und die Spanier sagen „Café solo". Beim Espresso wird heißes Wasser für 25 Sekunden mit hohem Druck (9 bar) durch das vorher mit dem Tamper komprimierte Kaffeepulver gepresst. Die Kombination von Druck und Hitze extrahiert Duft und lösliche Aromastoffe und es entsteht eine kräftige Emulsion mit Gasbläschen (Crema).

Ristretto
(von ital.: eng, beschränkt) oder kleiner Espresso:
Er wird mit sehr wenig Wasser zubereitet (15 bis 20 Milliliter statt der üblichen 25 Milliliter).

Caffè Doppio
oder doppelter Espresso:
Man verdoppelt sowohl die Menge des Wasser von ca. 25 auf 50 Milliliter, als auch die Menge an Kaffeemehl von sieben Gramm auf 14 Gramm.

Espresso Lungo
Für die Standardmenge an Kaffeepulver wird die doppelte Menge an Wasser gebrüht.

Caffè/Espresso Macchiato
Auf den Espresso wird ein wenig Milchschaum gegeben.

Caffè Corretto
Der sogenannte „korrigierte" Espresso „ (von ital.: anständig, korrekt) wird mit einem Schuss Grappa (Trester-Schnaps) angereichert.

ESPRESSO CAFFE DOPPIO

RISTRETTO ESPRESSO LUNGO

MACCHIATO CAFE CORRETTO

Cappuccino

Der Cappuccino ist der Frühstückskaffee der Italiener. Im Gegenteil zu den deutschen Gewohnheiten wird er dort nach 12 Uhr mittags nicht mehr getrunken. Er besteht aus einem einfachen Espresso und zwei Teilen Milch – einem flüssigen Teil und einer festen Milchschaumhaube. Der Name des Cappuccinos leitet sich vermutlich von den Kapuzinermönchen ab. Er spielt auf die Kapuze der Mönche (ital. capuccio) im Zusammenhang mit der Milchhaube an. Zudem entsprach die Kapuzenfarbe dem idealen Braunton des Cappuccinos.

Flat White

Dieses Getränk stammt ursprünglich aus Australien. Die britischen Einwanderer hatten als „Tee-Volk" ihre Schwierigkeiten, dem Cappuccino die perfekte weiße Haube zu verpassen. Sie fiel immer dünner und flacher aus: der Flat White. Hierzulande wird er mit einem doppelten Espresso Ristretto – einer konzentrierten Espressovariante – zubereitet. Durch die Verringerung der Wassermenge und der Espresso-Durchlaufzeit wird der Espresso stärker. Es gibt aber auch Barista, die einen einfachen Espressoshot verwenden. Der Milchschaum, der darüber gegossen wird, ist wesentlich flüssiger als beim Cappuccino und besitzt eine dünnere Schaumschicht. Der feinporige Schaum des Flat White wird auch als Mikroschaum bezeichnet und eignet sich hervorragend für Latte-Art.

Latte Macchiato

Wörtlich übersetzt heißt diese Kreation so viel wie „befleckte Milch". Die Kaffeespezialität besteht zum Großteil aus heißer und aufgeschäumter Milch. Für ein Glas werden 150 bis 200 Milliliter Milch verwendet. Darauf kommt ein frisch aufgebrühter Espresso. Für die typischen Schichten mit dem Espresso im Mittelteil muss der Barista vorsichtig die Portion Kaffee in die Milch gießen. Da fetthaltige Milch eine höhere Dichte als Espresso hat, schwimmt der Kaffee auf der Milch.

Caffè Latte/Milchkaffee

Hier gibt es zwei unterschiedliche Zubereitungsmethoden: Entweder der Milchkaffee wird auf Basis eines Caffè Americano – ein Espresso in einer großen Tasse, aufgefüllt mit heißem Wasser – zubereitet oder mit einem doppelten Espresso. Diese Spezialität besteht jeweils zur Hälfte aus Milch/Milchschaum und Kaffee.

Caffè Americano

Ein normal im Siebträger gebrühter Espresso wird mit derselben oder doppelten Menge heißen Wassers aufgegossen. Das Ergebnis ist eine Tasse schwarzer Kaffee mit zartbrauner Crema. Das Getränk ähnelt dem Filterkaffee.

Filterkaffee

Kaffee zu filtern, ist vermeintlich die simpelste Methode. Es erinnert an das Kaffeekannen-Zeitalter vergangener Jahrzehnte, an Omas Kuchentafel mit Porzellangeschirr. Jedoch gibt es mittlerweile eine ganze Wissenschaft und eine ganze Reihe von Gerätschaften rund um das Filtern: von Aeropress über V60-Filter, Chemex und French Press bis hin zur Karlsbader Kanne. Filtern heißt unter Experten, den Kaffee in seiner reinsten Form erleben zu können. Die Kontaktzeit zwischen Pulver und temperiertem Wasser ist lang. Die Aromen haben Zeit, in das Wasser einzudringen. Die Variablen bei der Filtermethode sind: Mahlgrad der Bohnen, Temperatur des Wassers, das Verhältnis von Kaffeepulver und Wasser und die Brühzeit. Damit kann der Kaffeekenner an seinem perfekten Ergebnis „schrauben".

Zubereitungsmethoden: die Gerätschaften

Siebträger

In jedem qualitätsbewussten Café bedient der Barista einen hochwertigen Sieb-träger mit mehreren Brühgruppen. Mit seiner Hilfe werden die am häufigsten ausgeschenkten Kaffeespezialitäten à la Espresso & Co. zubereitet. So wie die Maschine heißt, ist auch ihr Kernstück ein Siebträger. In den gibt man circa sieben bis neun Gramm frisch gemahlenes Kaffeepulver, das man mit dem Tamper festdrückt. Dieses runde Sieb wird dann mittels eines Bajonettverschlusses in der Maschine eingeklinkt. Auf Knopfdruck erhitzt sich das Brühwasser im Wassertank bzw. -kessel auf circa 90 Grad und wird anschließend mit circa neun Bar durch das getamperte Kaffeemehl gepresst. Die Extraktionszeit beläuft sich auf 22 bis 25 Sekunden.

V60-Handfilter

Lange war Melitta der Inbegriff der Filterkaffeezubereitung in Deutschland. Man goss heißes Wasser in den mit Papier ausgelegten Porzellanfilter, in den man je Kaffeetasse circa einen gehäuften Kaffeelöffel gegeben hatte. Darunter fing man das dunkelbraune Filtrat auf. Die Barista-Szene hat mittlerweile eine japanische Erfindung erobert: der V60-Handfilter. Es gibt ihn in verschiedenen Materialien, auch klassisch in Porzellan. Neu ist die Gestaltung des Filterkegels. Er ist konisch und besitzt geschwungene Rillen, mit deren Hilfe das Wasser wie in einem Strudel nach unten geleitet wird und schließlich durch ein vergrößertes Loch in die Tasse/Kanne fließt. Durch langsames Aufbrühen von Hand bleibt am Rand kein Kaffeemehl mehr hängen. Der Handfilter eignet sich besonders für helle Röstungen und fruchtige Kaffees.

French Press/
Pressstempelkanne

Sie besteht aus einem Glas- oder Metallgefäß mit einem Kolben und Sieb am Ende. Das Kaffeepulver wird darin mit heißem, nicht kochenden Wasser übergossen. Wenn das Kaffee-Wasser-Gemisch lange genug gezogen hat, wird das Sieb nach unten gedrückt. Der Kaffee schmeckt besonders intensiv, weil diese Methode mehr Sedimente und Öle durch den Filter lässt als andere.

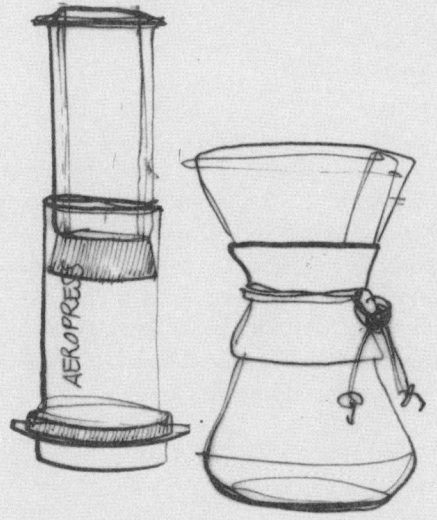

Aeropress

Die Aeropress ist im Grunde eine weiter entwickelte French Press bzw. für all diejenigen, die nicht wollen, dass die Sedimente des Kaffeemehls am Boden der Kanne verbleiben, während man gleichzeitig daraus ausschenkt. Sie funktioniert ganz einfach und schnell: Der frisch gemahlene Kaffee wird in den Brühzylinder eingefüllt und mit heißem Wasser aufgegossen. Dann lässt man das Gemisch die gewünschte Zeit ziehen, bis man den fertigen Kaffee mit dem Presskolben durch einen Papierfilter, der am Zylinder befestigt ist, in eine Tasse oder Kanne drückt.

Chemex

Sie ist nicht nur eine Kanne, sondern ein Designobjekt. Sie zählt zu den hundert am schönsten entworfenen Produkten der Neuzeit und steht in der permanenten Ausstellung des Museums of Modern Art in New York. Die Karaffe ist in einem Stück aus hitzebeständigem Borosilikatglas gefertigt. Ihre kegelförmige Öffnung dient als Filter, der Bauch darunter als Kaffeekanne. Chemex hat gleichzeitig einen neuen Papierfiltertyp auf den Markt gebracht. Das Papier ist dicker als herkömmliche Filter und weist eine besonders feinporige Struktur auf. Dadurch werden deutlich mehr Öle und Kleinstpartikel beim Brühvorgang zurückgehalten. Das Resultat ist ein sehr klarer, aromatischer Filterkaffee, der die natürliche Süße des Kaffees unterstreicht.

Syphon

Ein Syphon sieht aus wie ein chemischer Versuchsaufbau. Das Prinzip basiert auf der Nutzung von Vakuum. In einem Glasgefäß wird Wasser erhitzt. Durch den Wasserdampf des kochenden Wassers wird das Wasser durch ein dünnes Glasrohr in ein oberes Gefäß gedrückt. In diesem vermischt man das Kaffeemehl und das aufsteigende Wasser. Wird die Erhitzung gestoppt, entsteht ein Unterdruck und der fertige Kaffee wird in das untere Gefäß gesaugt. Die Kaffeepartikel werden dabei ausgefiltert. Der so zubereitete Kaffee hat einen starken Körper und ist zugleich klar.

Karlsbader Kanne

Sie wird auch Bayreuther Kanne gemäß ihres Entstehungsortes genannt und wird seit über hundert Jahren aus Hartporzellan handgefertigt. Der Kaffee wird durch ein feines, doppelt-glasiertes Porzellansieb gefiltert – ohne Papierfilter. Durch das geschmacksneutrale Porzellan ist sichergestellt, dass die Aromen und Öle des Kaffees voll zur Geltung kommen. Das Endprodukt schmeckt intensiv und vollmundig.

Das Glas Wasser dazu

In jedem guten Lokal bekommt man zum Kaffee ein Glas Wasser serviert. Diese Sitte geht auf eine Legende zurück: Bei den arabischen Nomaden war Wasser ein sehr kostbares Gut. Es war wertvoller als Kaffee. Daher ehrte ein Hausherr seinen Gast, indem er ihm zur Tasse Kaffee auch ein Glas Wasser anbot.

Es gibt aber auch ganz praktische Gründe, die für ein Glas Wasser sprechen: Ähnlich wie beim Weinverkosten, wo man Wasser zur Neutralisation erhält, macht es auch beim Kaffee Sinn, den Geschmack im Mund auszugleichen. So kann man beim weiteren Genuss des Getränks immer wieder aufs Neue, Schluck für Schluck die feinen Aromen genießen.

Das Glas Wasser ist zudem für diejenigen gedacht, denen der Kaffee zu stark ist. So können sie damit ihr Getränk verdünnen und ihrem Geschmack anpassen. Es gibt auch gesundheitliche Aspekte. Viel Trinken ist ja bekanntermaßen gesund. Kaffeetrinken regt die Nieren in ihrer Tätigkeit an. Damit sie nicht leer laufen, liefert ihnen das Wasser neue Flüssigkeit.

Kaffee verkosten

Kaffee ist ein sinnliches Vergnügen. Fast jeder riecht seinen Duft gern. Wenn man nun eine Tasse Kaffee vor sich stehen hat und diese beurteilen will, gibt es ein paar Anhaltspunkte. Entscheidend für das Urteil sind Duft, Aroma, Säure und Fülle. Einen Teil davon übernimmt die Nase, den zweiten der Mund. Die Zunge kann vier Geschmacksrichtungen – süß, sauer, salzig und bitter – unterscheiden. Süße und Säure werden mit der Zungenspitze wahrgenommen, sauer und salzig an den Seiten und bitter am Ende der Zunge. Die Fülle (Körper) spürt man am Gaumen.

Der Duft

Die olfaktorische (geruchliche) Wahrnehmung ist für das Schmecken die wichtigste. Die Nase beeinflusst dabei das Gehirn mehr als die Zunge. Beim Verkosten gelangen die flüchtigen Substanzen vom Rachen aufwärts zum Geruchssinn. Natürlich riecht man aber auch die Qualitäten der Dämpfe, die aus der Tasse aufsteigen.

Säure

Der Säuregehalt bestimmt, wie groß die geschmeckte Frische im Kaffee ist. Sie verleiht Lebendigkeit und Dimension, ebenso bindet sie feine Fruchtaromen. Bisher konnten aus Kaffeebohnen mehr als 80 verschiedene Säuren isoliert werden. Der Begriff Säure ist hier rein qualitativ zu verstehen, nicht im Sinn von sauer.

Fülle

Die Kraft und Beständigkeit, die Kaffee im Mund hinterlässt, zeigen den Körper oder die Fülle. Ein Körper hat Volumen und umfasst damit die Intensität des Geschmacks. Die Fülle variiert zwischen „leicht" bis „schwer" und beschreibt, wie sich der Kaffee im Mund anfühlt. Dabei spielen Substanzen wie Kaffeeöl und andere feine Partikel eine Rolle. Um eine Vorstellung davon zu bekommen, sollte man sich am Unterschied von Milch und Wasser orientieren.

Aroma

Das Aroma nimmt man sensorisch über den Geruchs- und den Geschmackssinn wahr. Das heißt: Bei einer Verkostung atmet man die Noten gleichzeitig über Mund und Nase ein. Kaffee besitzt bis zu 800 Aromen, während Wein über nur circa 400 verfügt. Man kann die Aromen entsprechend des sogenanntes „Flavor Wheel" der SCAA (Amerikanische Gesellschaft für Spezialitätenkaffee) in drei Kategorien einteilen:

Enzymatische Aromen:
Sie bilden sich beim Wachstum in der Pflanze; sie unterteilen sich in blumige, fruchtige und kräuterartige Aromen.

Aromen aus Zuckerbräunung:
Sie entstehen während des Röstprozesses durch die Karamellisierung der Zucker des Kaffees; sie differenzieren sich in nussige, karamellartige und schokoladige Aromen.

Aromen aus Trockendestillation:
Sie entstehen durch die Erhitzung/Verbrennung der Bohne; sie unterscheiden sich in harzige, würzige und kohlenstoffartige Aromen.
Nachfolgend ist die Bandbreite des „Flavor Wheel" der SCAA zu sehen. Die Aromen sind von hellen hin zu dunklen Noten angeordnet:

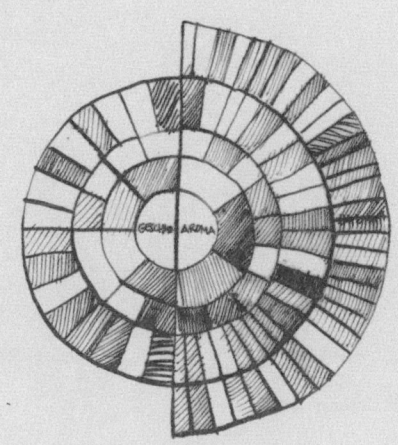

FLAVOUR WHEEL

Helle Röstung
(Enzymatisch)

Fruchtig
Zitrus: Zitrone, Orange
Beerenartig: Himbeere, Brombeere

Kräuterartig
Zwiebelartig: Zwiebel, Knoblauch
Hülsenfruchtartig: Kohl, Alfalfa

Blumig
Floral: Jasmin, Wintergrün
Duftend: Kardamom, Koriander

Mittlere Röstung
(Zuckerbräunung)

Nussig
Nussartig: Erdnuss, Mandel
Malzig: Mais, Gerste

Karamellartig
Kandisartig: Toffee, Praline
Sirupartig: Melassesirup, Honig

Schokoladenartig
Schokoladig: Backschokolade,
Dunkle Schokolade
Vanilleartig: Schweizerische
Vanille, Vanillepudding

Dunkle Röstung
(Trocken-Destillation)

Würzig
Wärmend: Muskat, Pfeffer
Beißend: Nelke, Thymian

Kohleartig
Rauchig: Teer, Tabak
Aschig: verbrannt, verkohlt

Harzig
Terpentinartig: Pinie, Balsamicoessig
Medizinisch: Kampfer, Cineolartig

MÜNCHEN LAND

RÖSTEREIEN UND CAFÉS

Andechser Kaffeerösterei.

Von der Hand in den Mund.

Wenn am Ostufer des Ammersees der Nebel aufsteigt, dann ist es wichtig, dass man sein Handwerk versteht und weiß, wie sich Feuchtigkeit auf Kaffee auswirkt. Rösterin Stephanie Leonhardt macht in ihrer kleinen Manufaktur alles von Hand und nach Gefühl. Nach Andechs kommen immer mehr Leute, nicht um auf eine Halbe auf den heiligen Klosterberg zu pilgern, sondern um richtig guten Kaffee zu trinken. Spätestens nach der halben Maß sollten die Pilger allerdings das kleine Café besuchen, um wieder ihre Sinne zu wecken. Leonhardt ist keine Freundin der sehr hellen Röstungen und bedient das gute Mittel, sodass noch ein Hauch Säure und Frucht übrig bleiben. Sie hat in ihrer Mühle meist ihren Hausblend No 1, der mild und blumig schmeckt. Ihre Kreation No 2 ist kräftiger mit mehr Robusta-Anteil und besitzt die typischen Schokoladen- und Zartbitternoten. Ihr Sortiment hält sie klein, schließlich ist die Arbeit an der Bohne für sie Entschleunigung und Berufung. Wachstum sieht sie eher kritisch. So ist ihre kleine Rösterei in dem ehemaligen Stall eines alten Hofes ein Rückzugsort. Das urige Gemäuer hat sie kaum verändert, nur mit Gemütlichkeit und antiken Bauernmöbeln angereichert. Das Licht ist schummrig, auf den Holztischen flackern Kerzen. Das eher etablierte dörfliche Umfeld kommt gern zum Filterkaffeetrinken. Wahlweise auf einem Karlsbader Tassenfilter, einem V60-Handfilter oder einer French Press bereitet sie sortenreine Röstungen zu, zum Beispiel den äthiopischen Wildkaffee Limu, bei dem sich sofort florale und beerige Aromen wie Hagebutte im Gaumen breit machen. Der sehr erfahrene Kaffeefreund kann im Abgang eventuell noch Schokoladennoten entdecken. Im Ausschank bietet Leonhardt jeweils wechselnd einen Filterkaffee zum Verkosten an. Sie hat auch eine Ammersee-Brühkaffee-Mischung entworfen, zu der sie die Abendstimmung, ein Sonnenuntergang am Ammersee, inspiriert hat. Auch für den Siebträger hat sie einen lokalen Blend kreiert: den Andechser Espresso Organic, der rein aus Bio-Bohnen besteht.

Unbedingt probieren:
Walnusskuchen nach Omas Rezept.

41

Mittwoch bis Freitag: 8:30 bis 12 Uhr und 14:30 bis 18 Uhr
Samstag: 8:30 bis 13 Uhr

Herrschinger Str. 21, 82346 Andechs-Erling,
Tel. 08152-99865575, www.andechser-kaffeeroesterei.de

Kaffeerösterei Samocca.

Der besondere Kaffee.

Das Samocca in Augsburg ist eine ganz normale Rösterei, aber in gewisser Weise doch besonders. Für den Gastbereich sind überraschend viele Servicekräfte im Einsatz. Es sind Menschen mit Behinderung, die hier Seite an Seite mit erfahrenen Kollegen arbeiten: Ausschenken, Servieren, Abräumen und im Hintergrund Kochen und Backen. So zitronengelb die Wände sind, strahlen auch die Mitarbeiter. Man spürt, sie sind gerne hier. So liest man im Gästebuch: „Es ist toll, Ihnen beim Arbeiten zuzusehen." Griesgrämige Kellner erlebt man hier nicht.

An der Probat, die fast mitten im Café in der Nähe der Theke steht, veredeln mehrmals die Woche zwei Hausröster Bohnen aus aller Welt. Man kann ihnen dabei über die Schulter schauen, während man selbst den Espresso verkostet. Der Röster heizt und surrt vor sich hin, wie es Maschinen nun einmal machen. Wem es im Ladenraum zu laut ist, der kann sich nach hinten in den Wintergarten zurückziehen. Hier ist alles verglast, hell und angenehm ruhig – man sitzt wie in einer Seifenblase.

Das Café Samocca ist auch dahingehend besonders, weil es ein Franchiseprojekt ist. Das Konzept: Rösterei mit Deli und Café als integrative Einrichtung. Erfinder ist der Samariterstift Neresheim. Es gibt mittlerweile bundesweit circa 20 Samoccas. Hier betreibt es die CAB Caritas Augsburg.

Die Kaffeexperten rösten hauptsächlich sortenreine Bohnen – über ein Dutzend aus verschiedenen Anbaugebieten der Welt sowie zwei hauseigene Mischungen. Extrahiert wird der Filterkaffee, extra grob gemahlen, in silbernen Presskannen. Außerdem gibt es zwei Espressomischungen, eine kräftige („Vi Solis") und eine milde („Solano") sowie den sortenreinen Espresso „Java Merapi" aus Indonesien, der einen eigenen würzigen, leicht süßlichen Geschmack hat. Alle Sorten können vor Ort tassenweise verkostet werden. Und man kann sich sicher sein, ein Lächeln dazu geschenkt zu bekommen.

Unbedingt probieren:
Pamwamba aus Malawi in der Pressstempelkanne.

42

Hermanstraße 8, 86150 Augsburg,
Tel. 0821-455264-0, www.samocca-augsburg.de

Dienstag bis Samstag: 9 bis 18 Uhr
Sonntag: 10 bis 17:30 Uhr

Kaffeeladen Bohne 37.

Mit Vollgas auf Koffein.

In der Bohne 37 gibt es keine 37 Kaffeesorten, aber eine gut durchdachte Auswahl. Die Zahl kommt vielmehr daher, dass die Besitzer des Feinkost- und Kaffeeladens im Spitzentempo von 37 km/h mit ihrer roten Piaggio Ape, einer mobilen Kaffeebar, über Land gefahren sind. So hat sich das Paar Stefanie Grewel und Ludwig Sanktjohanser einen Namen als Kaffeeexperten gemacht: „Ihr habt den besten Kaffee zwischen München und dem Gardasee!", sagen Kunden. Mittlerweile sind die beiden sesshaft geworden: In Dießen am Ammersee betreiben sie ein Café mit Laden. Die Ape gibt es aber auch noch: Jeden Samstagmorgen ab 8 Uhr schenkt das Team der Bohne 37 in der Markthalle Dießen frischen Kaffee aus. Zum zehnten Jubiläum ihres Geschäftes rund um die Bohne haben sie eine eigene Mischung kreiert, den Blend 37, der es in sich hat: mit einem Robusta-Anteil von 70 Prozent. Dabei handelt es sich um die Sorte India-Parchment. Sie zählt zu den besten sortenreinen Robustas und ist selbst für Kenner nicht leicht von einem Arabica zu unterscheiden. Der Rocket-Siebträger extrahiert einen kräftigen Kleinen Schwarzen mit einer reichen Crema. Mit diesem Kaffee kommt man in Schwung.

Der zweite Hauskaffee stammt von den Hermannsdorfer Röstern Merchant & Friends. Der Merchants Coffee ist milder, hat aber auch 20 Prozent Robusta-Anteil, der ebenso von einer sehr hochwertigen Bio-Bohne kommt. Er trifft den klassischen Espressogeschmack und vereint sich geschmeidig mit der Milch im Cappuccino. Wöchentlich wechselt die Bohne in der kleinen Mühle. Dann kann man eine kleine Auswahl an Röstprodukten aus ganz Deutschland probieren. Grewel und Sanktjohanser haben Kaffees über mehrere Monate hinweg verkostet und schließlich die Besten für ihr Portfolio ausgewählt: wie die Espressomischung „Lucky in the Sky" der Hamburger Torrefaktum – oder den „Heavy Metall"-Espresso des Chiemgauer Baruli, der mit hohem Robusta-Anteil tiefdunkel geröstet ist. Ein Extrem in die andere Richtung ist der Lupinenkaffee, den man auf der Kaffeetafel an der Wand findet. Die Bio-Lupine bereitet Grewel auf der Aeropress zu. Es ist ein Getreidekaffee, der aus Süßlupinen gewonnen wird, kein Koffein und nur wenig Säure und Gerbstoffe enthält.

Unbedingt probieren:
Lupinenkaffee.

43

AUCH OHNE KOFFEIN

LAKTOSEFREI   0 20

A / HAFER   0 30

OOTHIES 4,20 / EIS

Weilheimer Str. 9, 86911, Dießen am Ammersee, Tel. 08807-2759637, www.bohne37.de

Dienstag bis Freitag: 9 bis 18 Uhr

Schneid-Kaffee.

Eine Familie, 40 Sorten.

Wer zum Ladencafé Schneid rausfährt, fühlt sich, je mehr Strecke er auf der Feldmochinger Straße zurücklegt, plötzlich auf dem Land: Wiesen, Felder, Bauernhöfe, Schilder weisen auf Kartoffelverkauf hin, Kürbisse liegen am Straßenrand – Selbstbedienung und Bezahlung auf Vertrauensbasis. Genau hierher gehören die Schneiders. Kaffeeröster in dritter Generation. 1955 verpflichtete die passionierte Kaffeetrinkerin und Mutter von Heribert Schneid ihren Sohn, das Handwerk zu lernen. Ein bekannter Röster gab sein Geschäft auf und damals widersprach man seinen Eltern nicht. So begann die Firmengeschichte und alle nachkommenden Generationen ergriffen freiwillig und gern den Beruf. Schwiegersohn Manfred erweiterte die Familienbande, auch um die zwei Buchstaben „er" am Namensende. Denn er heißt Schneider und heute stehen Vera, Manfred und die beiden Söhne für die Marke Schneid. Bei ihnen hat das Kaffeerösten noch die Anmutung eines echten Handwerks. Die Männer tragen Arbeitshosen und entsprechende Stiefel und bewegen sich geschäftig zwischen Röstmaschine, Bohnensilos und Abfüllanlage hin und her. Das Café befindet sich mitten in der werkstattähnlichen Halle: kleine Tische mit Blümchentischdecke, im Sommer kann man auch auf der Terrasse sitzen. Bis zu 40 Sorten Kaffee reihen sich hinter der Theke in einer großen und langen Ladenfront in Schütten aneinander. Mit dem Dalla-Corte-Siebträger servieren die Schneiders Cappuccino und Espresso. Für Filterkaffee haben sie einiges im Repertoire: Hario Glas- und Porzellanfilter, Chemex-Kannen, Sowden Soft Brew oder sogar eine Karlsbader Kanne, die erste „Kaffeemaschine" der Welt. Das Brühprinzip der Kanne wurde vor über 100 Jahren in Bayreuth von einer Porzellanmanufaktur erfunden. Das vollkommene Aroma entfaltet sich dank des feinen und durchglasierten Doppelsiebs, man braucht kein Filterpapier. Kaffeefreunde kommen eigens wegen der Kanne ins Café. Besonders gefragt bei der Feldmochinger Kundschaft sind die „50. Jubiläumsmischung" für Filterkaffee und die Hausmischung „Pinoro Caffe" für Espresso und Co.

Unbedingt probieren:
Thai-Filterkaffee „Doi Chang" – dezente Säure mit feinen Zitrusnoten.

Feldmochinger Str. 378, 80995 München, Tel. 089-3144848, www.schneid-kaffee.de

Montag bis Freitag: 8 bis 18 Uhr
Samstag: 9 bis 13 Uhr

44

Wildkaffee.

Wo der Wilderer auf die Wildsau trifft.

Es ist sehr praktisch, wenn der eigene Barista gleichzeitig auch noch Grafiker ist. Dann gibt es nicht nur perfekt gebrühten Kaffee, sondern auch eine Verpackung, die auffällt. Der „Wildsau Espresso" zum Beispiel. Ihn ziert eine Art Chimäre aus Schwein und Bergpanorama. Leonhard Wild hat in ihm Bohnen aus Nicaragua, Brasilien und Äthiopien zusammengeführt und meint, dass er damit seinen Namen verdient hat: Aus „Saustark" und „Wild" wird der „Wildsau Espresso". Er ist fein fruchtig mit Kakaonote im Abgang. Wild hat vier solcher Espressoblends kreiert, die auch heimatlich-bayerische Anklänge im Namen haben: wie die „Bergsonne" oder der „Wilderer". Ansonsten röstet er circa ein halbes Dutzend Länderbohnen. Wild spricht von „entwickeltem Kaffee", das heißt im Hause Wild, dass er nicht zu hell oder dunkel geröstet wird, sondern genau auf den Punkt, der den Eigengeschmack der Kaffeefrucht betont und der Bohne noch eine Süße lässt. Wild positioniert sich in der Mitte zwischen italienischer und skandinavischer Röstung. Die Single Origins sind so geröstet, dass sie sowohl via Filter als auch Siebträger gebrüht werden können. Aber natürlich schmeckt der Kenianer immer noch am besten pur als Brühkaffee. Wild verwendet nur Bohnen der höchsten Güteklasse, die von der Specialty Coffee Association mit über 85 Punkten bewertet wurden. Der Barista brüht die Bohnen auf dem Ferrari der Siebträger, einer Slayer, die das Crema Magazin als den momentan besten und spannendsten Siebträger der Welt testete.

Die Maschine ist von Hand in Seattle nach den Wünschen von Wild zusammengeschraubt worden: in diesem Fall mit neonroten Füßen.

Es ist was los im Café. Die Dampfdüse zischt und der Barista gießt den Milchschaum kunstvoll auf den Cappuccino. Das ganze vor Garmischer Bergpanorama. Man blickt auf die gelblich-orange leuchtende Alpspitze. Die komplette Wand hinter der Theke ist ein illuminiertes Licht-Kunst-Objekt.

Unbedingt probieren:
Wild-Haustorte aus Schmand und Früchten.

45

Bahnhofstraße 40, 82467 Garmisch-Partenkirchen,
Tel. 08821-7088654, www.wild-kaffee.de

Montag bis Freitag: 7:30 bis 18 Uhr
Samstag: 10 bis 16 Uhr

Röstwerk Geltendorf.

Hier dreht sich die Uhr im Kaffee-Takt.

In Geltendorf dreht sich die Rösttrommel einen Takt langsamer. Das glaubt man zumindest. Das Ladencafé von Herbert Schneider könnte Kulisse in einem 60er-Jahre-Heimatfilm sein. Das Glöckchen an der Tür bimmelt und man steht in einer bunten Genusswelt mit alter brauner Registrierkasse und großer Warenwaage. In der Vintage-Vitrine aus dunklem Holz liegen Schokoladen und Pralinen eines Chocolatiers vom Starnberger See. An der Rückwand wird aber sofort das Kerngeschäft von Schneider deutlich. Bohnenschütten mit unterschiedlichen Füllständen. Über diese Theke geht, was er in kleinen 10-Kilo-Chargen röstet – früher neben-, heute hauptberuflich. Und das Geschäft läuft so gut, dass die Rösterei nun in einen neuen Anbau ziehen musste, damit mehr Platz für Laden und Kaffeetrinken ist. Das Anwesen steht nun als „Rotes Kaffeehaus" mitten in Geltendorf. Schneider ist Anhänger der sortenreinen Röstungen von Spitzen-Arabicas in ihren landestypischen Ausprägungen. Robusta verwendet er bislang nicht. Fünf Mühlen ermöglichen den Gästen, sich durch das Sortiment zu probieren. Zum Beispiel den „Geltendorfer Espresso", der aus sortenreinen Catimor-Bohnen aus Nicaragua besteht. Ein sehr intensiver Espresso mit mittelmäßiger Fruchtsäure, schwarzen Beeren und Bitterschokolade. Eine Empfehlung des Chefs ist auch der „Indonesien Kalossi": ein wuchtiger Espresso, sehr aromatisch mit schokoladiger Note. Sehr gut auch als Kaffee geeignet, in Verbindung mit Milch entfalten die kräftig-würzigen Bohnen ein unvergleichlich volles Aroma. Den Filterkaffee bereitet Schneider in der French Press zu. Dazu backt die Familie wechselnde „bodenständige" Kuchen wie einen Nusshefezopf. Hinter dem Kramerladen können es sich die Kaffeegäste gemütlich machen: auf Möbeln im Biedermeier-Stil, alles elegant geschwungen in dunklem Holz. In der Ecke flackert das Kaminfeuer.

Unbedingt probieren:
„Indonesien Kalossi".

46

Bahnhofstr. 67, 82269 Geltendorf,
Tel. 08193-7561, www.roestwerk.com

Donnerstag und Freitag: 14:30 bis 18:30 Uhr
Samstag: 9 bis 14 Uhr

Kaffeemanufaktur Martermühle.

Die entschleunigte Welt des Kaffees.

Wenn man von München zur Martermühle auf das Land hinter Glonn fährt, wird alles immer weniger: Lärm, Häuser, Verkehr, Menschen. Dafür umso mehr Grün, Hügel, Kühe und Ruhe. Das Kaffeerefugium liegt am Ortsrand von Aßling in einem Bauernhof aus dem 15. Jahrhundert. Die Eingangstür ist aus wurmstichigem Holz. Ist die Tür zu, gibt es dahinter nur Kaffee, Möbel mit Geschichte und Gemütlichkeit. Der Kunde wird angeschaut und nach Lust, Laune und Persönlichkeit gibt es eine Empfehlung. Gerne werden erst einmal die eigenen Mischungen ausgeschenkt: der Aßlinger Espresso ist eine mittelkräftige Komposition von Bohnen aus Brasilien, Guatemala und Indien, die Aßlinger Hausmischung für Filterkaffee vereint Früchte aus fünf Anbauländern. Die ganze Welt des Kaffees kommt in einem Kuhdorf zusammen und ergibt einen vollmundigen und würzigen Genuss. Hier draußen, wo sich die Sonne erst gegen Mittag durch den Nebel brennt, sind Ruhe und Geduld feste Einheiten der täglichen Routine. Ralf Heincke und Peter Vit, die beiden Köpfe der Martermühle, haben ihre schnell drehenden Jobs in der Filmbranche gegen das Handwerk des Kaffeeröstens getauscht. Langzeit-Rösten ist bei ihnen keine Floskel, sondern die Bohnen bleiben rund 20 Minuten in der Trommel. Sie haben neben der Aßlinger-Serie vor allem bei den Espressi eine Reihe von Blends entwickelt, die in feinen Abstufungen von mild bis kräftig, von zartbitter bis nussig-lieblich variieren, fast immer mit feinem, kleinem Robusta-Anteil. In ihrer Bio-Linie rösten sie biologisch zertifizierte Kaffeekirschen einmal für die Espressozubereitung und einmal für die klassische Brühextraktion. Im Café kann man es sich auf Möbelunikaten gemütlich machen und alle Röstungen verkosten. Zum Beispiel auf einem Stuhl, dessen Sitzfläche mit einem Kaffeesack bezogen ist – oder man setzt sich im Sommer gleich raus vor das Gehöft und schaut dem Landleben zu. Täglich hält der Trecker vor der Tür. Und bevor es zum Odeln geht, genießt der Bauer noch einen Kaffee.

Unbedingt probieren:
PachaMama-Espresso aus der Bio-Linie.

47

Montag bis Samstag: 8:30 bis 18 Uhr

Martermühle 1, 85617 Aßling,
Tel. 08092-2470868, www.martermuehle.de

Merchant & Friends Coffee Roaster.

Im Einklang mit der Natur.

Die Herrmannsdorfer Landwerkstätten in Glonn östlich von München im Landkreis Ebersberg kennen viele Münchner, die Wert auf regionale Bio-Produkte legen. Direkt auf dem Gelände des ökologischen Landwirtschaftsbetriebs gibt es auch eine Kaffeerösterei: Merchant & Friends. Schlicht benannt nach dem Gründer Andreas Merchant. Sie liegt in der ehemaligen Kunstscheune zwischen Handwerkstatt und Brennerei. Sie gehört zwar nicht zu den Landwerkstätten, bietet aber auch ausschließlich Bio-Kaffees an. Die Bohnen beziehen die Kaffeeexperten von Original Food, das mit Kleinbauern aus Regenwaldgebieten in Äthiopien, Nepal und Ecuador zusammenarbeitet.

Der Gang bis zur Kaffeetheke ist gesäumt von Baristabedarf und kartonweise gestapelten Rocket- und Marzocco-Maschinen. In großen Holzregalen stehen die Bohnen selbst, verpackt in braunem Paketpapier, das innen foliert ist. Ein Ziegenkopf ziert als Markenzeichen alle Tüten, war es doch die Ziege, die einer Legende nach in Äthiopien den Menschen auf die Kaffeekirsche und ihre Wirkung aufmerksam machte. Im Café kann man das komplette Sortiment testen, das aus circa einem Dutzend frischer Röstprodukte besteht. Andreas Merchant versucht, auf den Punkt zu rösten, kurz vor dem zweiten Crack, bevor die Bohne zum zweiten Mal aufplatzen würde. Dann entfaltet sie nach seiner Überzeugung ihren Eigengeschmack optimal. Der House Blend, der „Merchants organic", ist ihre erste Espressomischung mit Robusta-Anteil. Die Tieflandbohne schaffte es nach Glonn, als die Kaffeeexperten einen außergewöhnlich guten Bio-Robusta aus Indien entdeckten, der 20 Prozent des Blends ausmacht. Im Cappuccino kommt neben schokoladigen Aromen noch eine feine würzige Note durch. Der Filterkaffee, ein Wildkaffee und ein Sidama aus Äthiopien, werden klassisch auf dem Porzellanfilter gebrüht. Wer unter der Woche Zeit hat, nach Glonn zu fahren, kann dem Röster bei der Arbeit über die Schulter schauen. Denn dann, wenn nicht so viel los ist, läuft der Probat Trommelröster. Am Wochenende, vor allem im Sommer, zieht es viele Ausflügler nach Herrmannsdorf. Zu schön sitzt man im Innenhof vor den Werkstätten mit einem guten Kaffee in der Hand und kann den Schweinen beim Ballspielen zuschauen.

Unbedingt probieren:
Wildkaffee aus Äthiopien.

48

Montag bis Freitag: 8 bis 13 Uhr und 14 bis 18 Uhr
Samstag und Sonntag: 11 bis 17 Uhr

Herrmannsdorf 6, 85625 Glonn,
Tel. 08093-901396, www.merchantandfriends.com

Café Fino.

Costa Rica auf dem Brucker Land.

Die Rösterei mit Kaffeeladen in Mammendorf und Fürstenfeldbruck ist ein Familienbetrieb. Heute sind die Frauen handwerklich am Ruder: Petra Michel röstet und ihre Tochter steht an der Ladentheke. Die Wurzeln gehen allerdings auf die Männer zurück. Thomas Michels Bruder arbeitete in einer Kaffeeaufbereitungsanlage in Costa Rica und dadurch reiste er selbst häufiger nach Mittelamerika und kam mit der Kaffeebranche in Kontakt. Anfang der 90er-Jahre schließlich begann er nebenberuflich zu rösten. Damals zählte er zu den ersten Kleinröstern in Deutschland. Das spanische Wort „fino" für „fein, edel, gut" wurde zum Namensgeber für das Geschäft. Heute wie damals verlassen er und seine Frau sich vor allem auf ihre Augen, wenn es darum geht, die Bohnen auf den Punkt genau zu rösten. „Lieber ein bisschen heller als zu dunkel. Unser Kaffee schmeckt nie bitter", sagt Michel. „Man schmeckt Land und Boden." Mittelamerika und seine Plantagen stehen auch heute noch im Fokus der Kaffeekarte der Michels. Der „Tarrazu" aus Costa Rica war einer ihrer ersten Importe. So läuft er auch als „Unser Spitzenkaffee" auf der Karte. Er ist geschmacklich der hochwertige Klassiker unter den Filterkaffees: leichte Frucht, säurearm mit vollmundigem Ende. Im Ausschank für den Siebträger ist der Lieblingsespresso des Chefs: der „Monsoon", eine Mischung aus verschiedenen Arabica- und Robusta-Bohnen aus diversen Ländern mit einer ordentlichen Portion India Monsooned Malabar, der für die Intensität und Würze sorgt. Er habe etwas länger gebraucht, bis er den Blend so hatte, wie er ihn wollte, sagt Michel. Der Filterkaffee im Ausschank wechselt täglich. Stammgäste können sich so kontinuierlich durch die circa 20 Sorten trinken, egal ob in Mammendorf, wo neben dem Ladencafé die Rösterei ist, oder in dem kleinen Geschäft im Zentrum von Fürstenfeldbruck.

Unbedingt probieren:
„Monsoon"-Espresso.

CREMISSIMO

250-g-Packung € **5,45**
500-g-Packung € **10,60**
1000 g € 21,20

4,95
9,60
1000 g € 19,20

weitere Filiale Schöngeisinger Str. 29,
Fürstenfeldbruck

Montag, Dienstag, Donnerstag,
Freitag: 9 bis 18 Uhr
Mittwoch und Samstag: 9 bis 13 Uhr

Oskar-von-Miller-Straße 15, 82291 Mammendorf,
Tel. 08145-951525, www.cafe-fino.de

Murnauer Kaffeerösterei.

Der Experte.

Alles begann auf Hawaii: Als junger Mann urlaubt Thomas Eckel auf der Insel und entdeckt auf einem Feld einen seltsamen Strauch, der rote Früchte trägt. Er kommt mit dem Bauern ins Gespräch und trinkt kurz darauf auf dessen Veranda den besten Kaffee seines Lebens. Das Kilo Bohnen, das er sich in seine Studentenbude nach Würzburg mitbringt, ist schnell aufgebraucht. Er kauft und mahlt sich durch das deutsche Bohnensortiment der 90er-Jahre, aber ein vergleichbares Produkt ist nicht zu finden. So wird er erst einmal zum Teetrinker und –experten. Über einige Umwege löst er dann aber doch noch sein Kaffeedilemma: Er gründet die Murnauer Kaffeerösterei und ist Deutschlands erster Q-Grader, das heißt Absolvent der weltweit renommiertesten Kaffee-Sensorik-Ausbildung des Coffee Quality Institutes (CQI). Und zweitens erwirbt er auch noch den Titel des Chef-Diplom-Kaffeesommelier am ersten österreichischen Institut für Kaffeeexperten. Geballtes Kaffeewissen auf zwei Beinen also. Eckel erklärt auch gleich, warum der Milchschaum des Cappuccino Blasen wirft. Kaffee, der nicht älter als eine Woche geröstet ist, gast noch aus und es bilden sich kleine, feine Blubber auf der Crema – ein Frische-Indiz. In der Tasse ist ein Plantagenkaffee, ein Single Origin, ein Aricha aus Äthiopien, der nach Blaubeere schmeckt, ausgesprochen saftig und zart-süß im Nachgeschmack. Eckel traut behutsam geröstetem Spezialitätenkaffee jede Art der Zubereitung zu – egal ob als Brühkaffee oder Espresso. Der einzigartige Geschmack ist immer wahrnehmbar. Rund ein halbes Dutzend seiner Bohnen bezieht er direkt von Plantagenfarmern, die er persönlich kennt. Auch wenn Eckel zwei Mischungen, jeweils eine für Espresso (El Castillo) und für Kaffee (La Villa), herstellt, schwört er im Genuss auf einzelne Finca-Kaffees.

Das Café unweit des Murnauer Zentrums ist in einer ehemaligen Werkstatt untergebracht. Aus einem Stammtisch von Kaffeefreunden, der sich immer freitagnachmittags dort traf, entstand ein reger Betrieb mit mittlerweile festen Öffnungszeiten und extra Personal. Wer Glück hat, wird vom Chef selbst beraten. Und das kann er. Dazu gibt es das „Goldtröpfen" von seiner Frau, ein cremiger Käsekuchen mit Baiser.

Unbedingt probieren:
Kaffee des Monats, wie einen PachaMama aus Peru.

50

Dienstag bis Donnerstag: 14 bis 17 Uhr
Freitag: 10 bis 18 Uhr
Samstag: 10 bis 16 Uhr

Am Mösl 4, 82418 Murnau am Staffelsee,
Tel. 08841-4895033, www.murnauer-kaffeeroesterei.com/shop

Galletas à la Don Santos Diaz

Ein Originalrezept einer Farmer-Familie aus Peru.

Don Santos sagt dazu:„Una receta para los muy cafeteros! Ideales para desayunos y meriendas." („Ein Rezept für die wahren Kaffeemenschen! Ideal zum Frühstück und Abendessen.")

Zutaten:

350g Mehl
150g Butter
150g Brauner Zucker
2 Eier
4 kleine Löffel fein
gemahlener PachaMama-Kaffee
aus Peru

Zubereitung:

In einem Topf Butter und Zucker langsam schmelzen lassen, bis eine homogene schaumige Mischung entstanden ist. Anschließend etwas abkühlen lassen.
In einer Schüssel wird das Mehl, fein gemahlener Kaffee und die Zuckermischung vermischt.

Zum Schluss kommen zwei Eier hinzu. Der Teig wird mit der Hand (nach traditioneller Art) oder mit der Maschine gut verknetet. Falls der Teig klebrig ist, etwas mehr Mehl unterkneten.

Teig auf bemehlter Arbeitsfläche ca. 1 cm dick ausrollen und mit einer Ausstechform ausstechen.

Backblech mit Backpapier auslegen, alle Kekse darauflegen und im vorgeheizten Backofen (200 Grad Umluft) ca. zehn Minuten backen.

Nach dem Backen die Kekse vom Backblech nehmen und auf einem Kuchengitter abkühlen lassen. Nach Belieben mit Puderzucker bestäuben.

¡Buen provecho!

Kaffeewerkstatt München.

Die Bohnen-Schrauber.

Das Geschäft um den Kaffee begann in Neuried wie im Silicon Valley. In einer provisorischen Werkstatt schraubten die beiden Hobby-Techniker Erich Weidler und Kurt Glatz an Kaffeemaschinen jeder Art, die man ihnen zur Reparatur anvertraut hatte. Und saugten immer wieder alte Pulverreste aus den Brühköpfen. Als die Geräte wieder liefen, kam ihnen immer öfter der Gedanke: Warum nicht auch gleich den perfekten Stoff zum Brühen entwickeln? Die Idee vom Rösten war geboren, aber natürlich nicht im Keller umsetzbar. Als die Reparaturanfragen stark zunahmen und sich die Maschinen auf der Kellertreppe stapelten, gaben die beiden ihre alten Jobs auf und gründeten die Kaffeewerkstatt. 2014 bezogen sie die Räume im Ortszentrum von Neuried und begannen mit dem Rösten. Wer den Laden betritt, findet ein Sammelsurium rund um die Bohne vor: Kaffeemaschinen – vom Vollautomaten bis zur kleinen Bialetti für den Herd – und jedes erdenkliche Zubehör, aufeinander gestapelte Kaffeesäcke und in der hinteren Ecke steht ein klassischer Trommelröster von Coffee Tech. Zwölf bis 14 Sorten werden darin jede Woche frisch geröstet. Dabei überlassen die Techniker nichts dem Zufall: Gleichbleibende sensorische Qualität ist ihnen wichtig. Dafür nutzen sie den angeschlossenen Datenlogger, der die Röstprofile aufzeichnet und immer wieder abrufbar macht. Unter den Namen Blend 1 und Blend 2 stellen sie Mischungen her, die die große Nachfrage nach italienischem Kaffee-Gusto befriedigen. Aber sie haben auch eine Reihe von Single Origins im Programm. Den Mittelpunkt des Ladens bilden über ein Dutzend durchsichtige, luftdichte Kisten. Im Kreis herum kann der Kunde eine Kaffee-Schnupperrunde um den Globus antreten. Weidler lupft den Deckel und man darf den Duft einsaugen. Das kann man so lange machen, bis man nichts mehr riecht. Er weiß aus Erfahrung: „Wer den Bohnengeruch mag, dem schmeckt in der Regel auch der Kaffee." Täglich treffen sich die Stammgäste an der Kaffeebar oder sitzen im Sommer vor dem Laden.

Unbedingt probieren:
Äthiopien Sidamo natural organic – schmeckt nach Heidelbeeren.

51

Dienstag bis Freitag: 9 bis 18 Uhr
Samstag: 9.30 bis 13 Uhr

Planegger Str. 1, 82061 Neuried,
Tel. 089-82956920, www.kaffeewerkstatt-muenchen.de

Kolla Kaffee.

Bohne kann auch Champions League.

Auf einem Gelände am Ortsrand von Rosenheim, wo früher Faltboote ge-
baut wurden, röstet heute Günter Kolla in einer Werkhalle, die er in ein Ladencafé umgewandelt hat. Eine Palme und eine Kaffeepflanze umrahmen
eine Handvoll Retro-Möbel. Wer es sich dort bequem macht, hat einen Lo-
genplatz mit direkter Sicht auf die beiden Trommelröster. In kleinen Chargen nach alter Handwerkskunst röstet Kolla so lange, bis sich die Aromen
in den Bohnen optimal entfalten. Mit Genussmitteln kennt sich Kolla aus.
Vor seiner Karriere als Röster war er für die Weinabteilung eines Münchner Feinkostmarktes mitverantwortlich. Er infizierte sich mit dem Thema
Kaffee bei der Vorführung eines kleinen Probenrösters – und zwar so sehr,
dass er dem Wein abschwor, zumindest beruflich, und sich der Bohne zu-
wandte. K1 bis K3 hat er seine Espressoblends nummeriert. Bei K1 treffen
die Anbauländer Äthiopien und Brasilien aufeinander: eine vollmundige,
schokoladige Mischung. Bei K2 blendet er Bohnen aus Nicaragua mit brasilianischen Kaffeekirschen und es entstehen nussige Noten. Bei K3 speist
er 20 Prozent Robusta mit ein und der Blend wird kräftig und intensiv,
typisch italienisch. Er hat den Kaffee in seinen Mühlen immer im Wechsel,
so bekommen seine Gäste stets etwas Neues in die Tasse. Wer will, kann
auch gezielt einzelne Sorten probieren. Kolla hält immer circa ein Dutzend
sortenreine Röstungen bereit. In auffälliger schwarzer Verpackung machen
seine „Sonntagskaffees" oder der „Champions League Kaffee" den Kunden
darauf aufmerksam, dass hier etwas Besonderes in der Tüte ist. Dahinter
verbergen sich hochwertige Single Origins wie ein „Amaro Gayo", der aus
den äthiopischen Amaro Bergen stammt. Er schmeckt nach Blaubeeren
und entfaltet sich im Abgang schokoladig. Oder die Rarität „Hawaii Kona",
die für ihre natürliche Süße bekannt und komplex im Geschmack ist. Hier
sollte man auf Milch und Zucker verzichten, schließlich hat man einen der
teuersten Kaffees der Welt in der Tasse. Denn die Erträge im Pazifik-Para-
dies sind gering.

Unbedingt probieren:
eigene schokolierte Monsooned-Malabar-Bohnen.

52

Im Klepperpark 18f, 83026 Rosenheim,
Tel. 08031-2087032, www.kolla-kaffee.de

Dienstag bis Freitag: 10 bis 18 Uhr
Samstag: 10 bis 16 Uhr

Supremo Kaffeerösterei.

La Familia del Café.

Die Kapellenstraße in Unterhaching ist die Heimat von Supremo Coffee. Wer hier eine kleine beschauliche Kaffeemanufaktur erwartet, hat schon sein erstes „Aha"-Erlebnis beim Blick auf den Barista-Bereich. Man fühlt sich als wäre man in Kalifornien gelandet, vielleicht in einer schicken Strandbar in Mendocino. Das Logo Supremo Coffee schwingt locker in weißer Letter-Art auf einer riesigen schwarzen Wandtafel über der Theke, darunter sind die Kaffeespezialitäten aufgereiht. 16 Mühlen stehen für verschiedene Espressobohnen und vier für wechselnde Sorten Filterkaffee bereit. Den zweiten „Aha"-Moment hat man, wenn man ums Eck in den Ladenbereich schaut und unfassbar viele verschiedene Kaffeesorten und -verpackungen sieht, um die 150 insgesamt. Im Verkaufsraum kann man entlang der Regale einmal um den Äquator reisen. Man ist nicht in Mendocino, aber im Kaffee-Eldorado gelandet. Und das mitten in einem Hachinger Wohngebiet. Das Café ist in Beige und hellen Farben gehalten, seitlich kann man über ein längliches Sichtfenster direkt in die Rösterei schauen, wo ein 15- und ein 35-Kilo-Trommelröster stehen. Im Sommer kann man seinen Kaffee auf einer Holzterrasse genießen.

Das dritte „Aha" entfährt einem bei der Espressoverkostung. Der Barista holt den Gast bei der normalen Erwartungshaltung à la italienischer Gusto ab und zeigt, wo man sich geschmacklich hinentwickeln kann: von gewohnten cremig-karamelligen Noten hin zu Beeren und Zitronen in der Tasse. Auch so kann Espresso sein.

„Wir wollen den besten Kaffee im Haus haben", sagt Junior-Chef Raphael Braune und erklärt, wie das geht. Im Gegensatz zu den meisten Münchner Röstereien kaufen sie 90 Prozent ihrer Bohnen direkt und selbst. Über die letzten zehn Jahre hat die Familie dafür hart gearbeitet, ist viel in die Anbauländer gereist und hat eine eigene Import-Infrastruktur aufgebaut. Dazu gehört auch ein eigener Qualitätswettbewerb, die Micro-Lot-Challenge (siehe Interview). Und damit nicht genug: Um die Qualität der Bohnen zu wahren, gibt es im Keller der Kapellenstraße einen Kaffeehumidor, der wie ein begehbarer Zigarrenraum Luftfeuchtigkeit und Temperatur stabil hält, damit die Bohnen nicht altern.

Unbedingt probieren:
Espresso-Degustation.

DOPPIO

ORANGENSAFT FRISCH GEPRESST ....2,80€

..2,80€   SAFTSCHORLE ....2,60€

..2,90€   ORANGINA ....1,90€

SAN BITTER / CRODINO ....1,90€

SOYAMILCH   CHERRYTREE COLA ....3,95€

ERHÄLTLICH   GINGER BEER ....3,95€

VICTORIAN LEMONADE ....3,95€

SHOT 1,00€   ROSE LEMONADE ....3,95€

Montag bis Freitag: 9 bis 18 Uhr

Kapellenstraße 9, 82008 Unterhaching,
Tel. 089-20208687011, www.supremo-kaffee.de

Raphael Braune
Junior-Geschäftsführer
Kaffeerösterei Supremo.

Was ist die Micro-Lot-Challenge?

Die Micro-Lot-Challenge ist ein Qualitätswettbewerb für außergewöhnliche Spezialitätenkaffees. Wir sprechen hier von kleinen Chargen, die Kirsche für Kirsche fachmännisch von Hand aus Micro-Lagen gepflückt und die auf verschiedenste Arten – von Washed über White-,Yellow-, Red- und Blackhoney bis hin zu Natural – ausgebaut und in der Sonne getrocknet wurden. Supremo hat diesen Wettbewerb ins Leben gerufen, um die besten Kaffees des Jahrgangs zu finden und diese dann direkt von den Farmern abzunehmen und nach Deutschland zu importieren.

In welchen Ländern veranstalten Sie den Wettbewerb?

Die Wurzeln der Supremo-Micro-Lot-Challenge liegen in unserem Lieblingskaffeeland Costa Rica. Hier haben wir zusammen mit befreundeten Kaffeebauern die Challenge ins Leben gerufen, um ein nachhaltiges Programm mit fairen und stabilen Preisen für hochqualitative Micro-Lot-Kaffees zu schaffen. Aufgrund des positiven Feedbacks kamen ziemlich bald auch Guatemala, Brasilien und Ruanda hinzu. Über die Jahre ist die Micro-Lot-Challenge von Mittelamerika über Südamerika nach Afrika bis hin nach Hawaii ausgeweitet worden.

Was ist der Anreiz, daran teilzunehmen?

Wir honorieren die Produzenten und deren Familien für ihre besondere Leistung mit weit über marktüblichen Preisen. Neben der Qualität liegt ein besonderer Fokus auf Familien – hinter jedem unserer Kaffees steht eine Familie, die sich mit Hingabe und Liebe dem Kaffeeanbau verschrieben hat. Familien sind die Keimzellen für nachhaltige Projekte. Ohne den Nachwuchs haben die vielen Kaffeebauern und ihre kleinen Fincas keine Zukunft. Und es sind gerade die besonderen Kaffeequalitäten, die nur durch den Enthusiasmus und Arbeitseinsatz von kaffeebegeisterten Familien überhaupt zu uns gelangen.

Nach welchen Kriterien wählen Sie den Sieger aus?

Die Verkostungen werden in den Anbauländern bei unseren Kaffeebauern vor Ort durchgeführt. Es werden über mehrere Tage unterschiedlichste Spezialkaffees verkostet – „gecuppt" (verkostet) und bewertet wird nach internationalem Verkostungsstandard. Am Ende der Micro-Lot-Challenge werden die Siegerernten ausgewählt und gekürt. Sieger sind die Kaffees, die innerhalb des Wettbewerbs die höchsten Bewertungspunkte erreicht haben. Diese Kaffees kaufen wir auch gleich, zu vorher vereinbarten Preisen, von den Bauern ab und lassen alle Kaffees im Container zusammen nach München verschiffen.

LOCATION

RÖSTEREIEN UND CAFÉS

MÜNCHEN STADT

32

31

33

40

Hadern

38

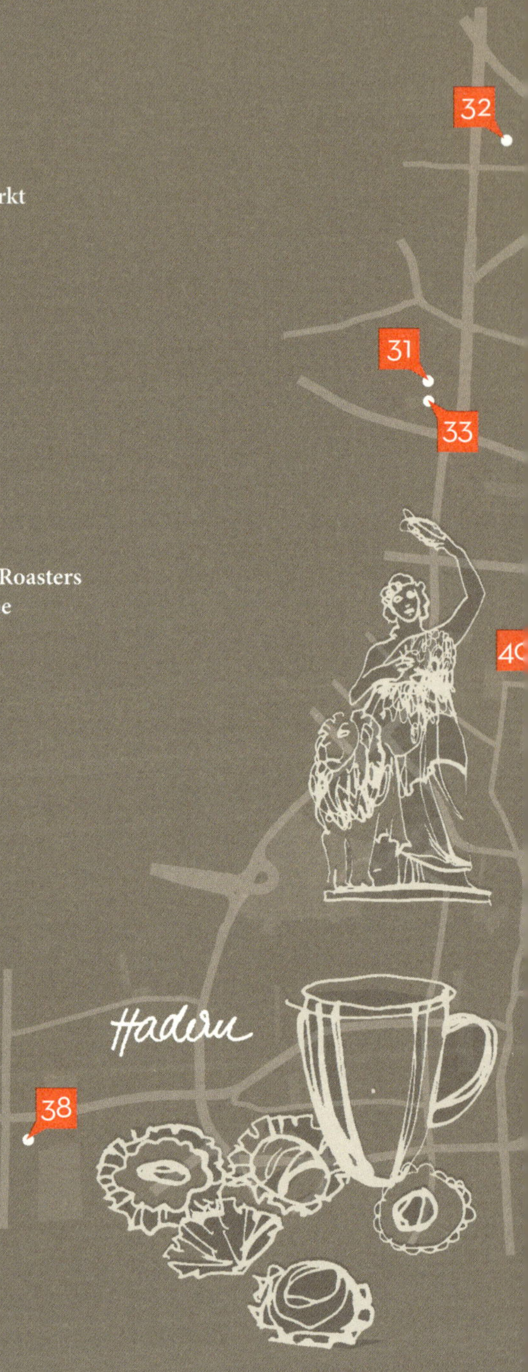

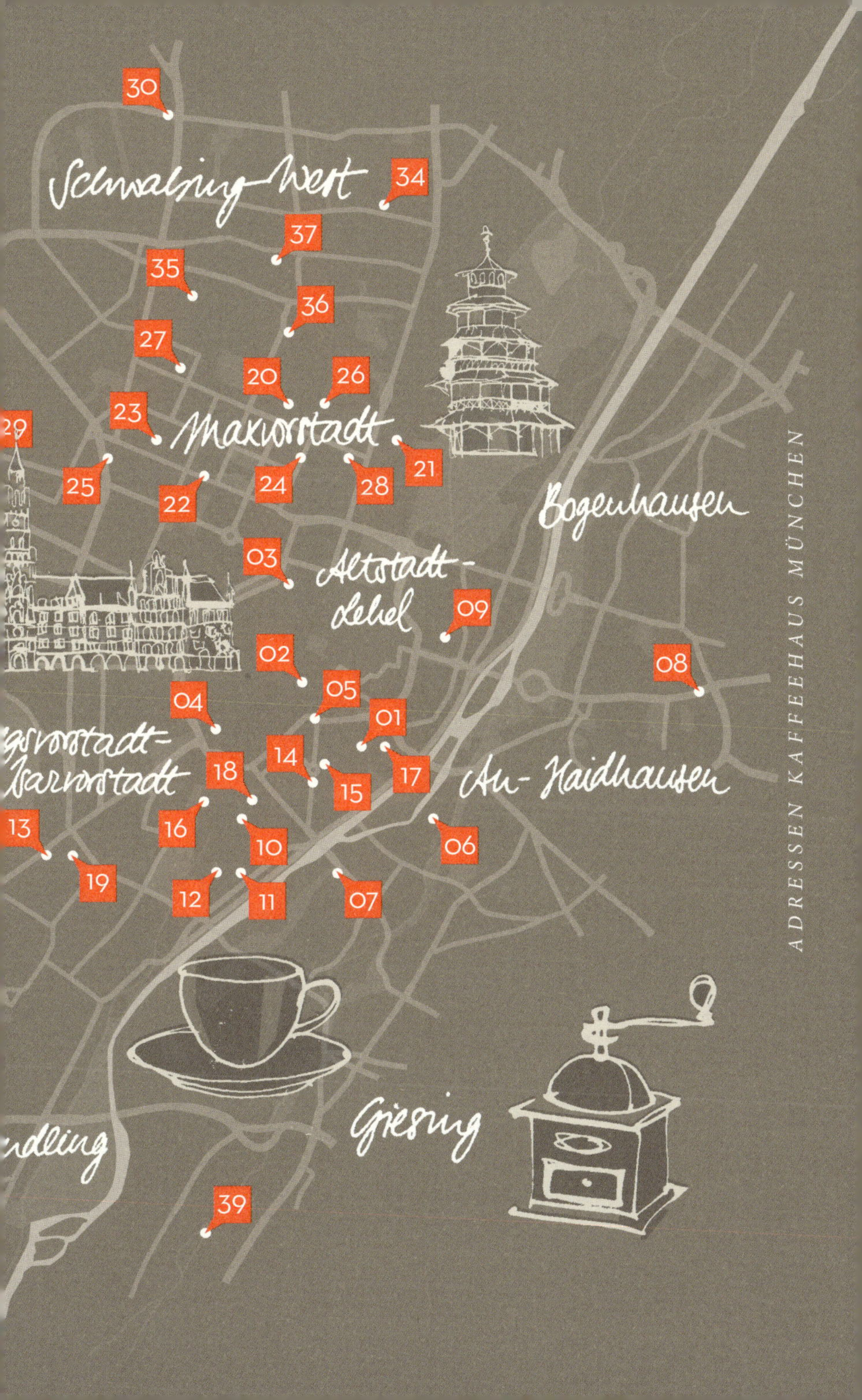

30
Schwabing-West
34
37
35
36
27
20
26
23
Maxvorstadt
29
21
25
22
24
28
Bogenhausen
03
Altstadt-Lehel
09
02
08
04
05
01
gsvorstadt-Isarvorstadt
18
14
15
17
Au-Haidhausen
13
16
10
06
19
12
11
07
Giesing
ndling
39

MÜNCHEN LAND

42 Augsburg

49

Fürstenfeldbruck

46

Dießen am Ammersee

41

43

Murna staffels

50

garmisch-partenkirchen

45

München

44

51

53

48

47

52

Rosenheim

 **01** *Altstadt*

Ooh Baby I Like It Raw
Rumfordstraße 39, 80469 München,
Tel. 089-89052339;
www.facebook.com/oohbabymuenchen
Dienstag bis Freitag: 8:30 bis 19 Uhr
Samstag: 10 bis 19 Uhr
Sonntag: 10 bis 18 Uhr

 **05** *Altstadt-Lehel*

Kaffeerösterei Viktualienmarkt
Viktualienmarkt Abteilung III/Stand 3/26,
80331 München, Tel 089-2609086;
www.kaffee-muenchen.de
Montag bis Samstag: 8 bis 18 Uhr

 02 *Altstadt*

Vee's Kaffee und Bohnen
Rindermarkt 17, 80331 München,
Tel. 089-23000070;
www.vees-kaffee.com
Montag bis Freitag: 9 bis 20 Uhr
Samstag: 9 bis 19 Uhr

 06 *Au-Haidhausen*

Café Blá
Lilienstraße 34, 81669 München;
www.cafebla.de
Mittwoch bis Freitag: 9 bis 18 Uhr
Samstag: 9:30 bis 18 Uhr
Sonntag: 9:30 bis 17:30 Uhr

 03 *Altstadt-Lehel*

Café Luitpold
Briennerstr. 11, 80333 München,
Tel. 089-2428750;
www.cafe-luitpold.de
Montag: 8 bis19 Uhr
Dienstag bis Samstag: 8 bis 23 Uhr
Sonntag: 9 bis 19 Uhr

 07 *Au-Haidhausen*

Monaco Velo Club Café
Ohlmüllerstraße 5, 81541 München, Tel.
089-44449211;
www.monacoveloclub.de
Montag bis Freitag: 12 bis 19 Uhr
Samstag: 10 bis 18 Uhr

 04 *Altstadt-Lehel*

Kaffeebar Patolli
Sendlinger Str. 62, 80331 München,
Tel. 089-89058312;
www.patollis.de
Montag: 9 bis 19 Uhr
Dienstag bis Freitag: 9 bis 2 Uhr
Samstag: 10 bis 2 Uhr
Sonntag: 12 bis 2 Uhr

 08 *Haidhausen*

Kaffeerösterei Vogelmaier
Einsteinstr. 125, 81675 München,
Tel. 089-23747050;
www.vogelmaier.de
Dienstag bis Freitag: 8 bis 18 Uhr
Samstag: 9 bis 14 Uhr

09

Leone Caffé
Aktuelle Adresse und
Öffnungszeiten siehe
www.caffeleone.de

 10 *Ludwigsvorstadt-Isarvorstadt:*

Café-Bar Hoover & Floyd
Ickstattstraße 2, 80469 München,
Tel. 089-26949015;
www.hooverundfloyd.de
Montag bis Samstag: 10 bis 1 Uhr
Sonntag: 10 bis 23 Uhr

 11 *Ludwigsvorstadt-Isarvorstadt*

Café Maria
Klenzestraße 97, 80469 München,
Tel. 089-20232745;
www.dasmaria.de
Dienstag bis Samstag: 8:30 bis 22:30 Uhr
Montag, Sonntag und
feiertags: 9 bis 19 Uhr

 12 Ludwigsvorstadt-Isarvorstadt:

Café Schneewittchen
Am Glockenbach 8, 80469 München,
Tel. 089-38904059;
www.schneewittchen-muenchen.de
Dienstag bis Sonntag: 10 bis 19 Uhr

 13 *Ludwigsvorstadt-Isarvorstadt:*

coffeemamas Kaffeerösterei
Lindwurmstraße 46, 80337 München,
Tel. 089-20328287;
www.coffeemamas.de
Montag bis Freitag: 7 bis 19 Uhr
Samstag: 9 bis 18 Uhr

 14 *Ludwigsvorstadt-Isarvorstadt:*

Conceptstore Phasenreich
Reichenbachstraße 23, 80469 München,
Tel. 089-55267138;
www.phasenreich.net
Dienstag bis Freitag: 10 bis 20 Uhr
Samstag: 11 bis 20 Uhr

 15 *Ludwigsvorstadt-Isarvorstadt:*

emilo Spezialitätenrösterei
emilo im Glockenbach, Buttermelcherstraße 5, 80469 München;
Mo. bis Fr.: 7 bis 18 Uhr, Sa.: 9 bis 18 Uhr
emilo am Odeonsplatz,
Odeonsplatz 14, 80539 München;
Mo.bis Fr.: 9 bis 18 Uhr, Sa.: 10 bis 19 Uhr
Tel. 089-6797122-0
www.emilo.de

 16 *Ludwigsvorstadt-Isarvorstadt:*

Kaffeebar Aroma
Pestalozzistraße 24, 80469 München, Tel.
089-26949249;
www.aromakaffeebar.com
Montag bis Freitag: 7 bis 22 Uhr
Samstag: 9 bis 22 Uhr
Sonntag und feiertags: 9 bis 20 Uhr

ADRESSENÜBERSICHT

17 *Ludwigsvorstadt-Isarvorstadt*

Kaffeerösterei Vits
Rumfordstraße 49, 80469 München,
Tel. 089-23709821;
www.vitsderkaffee.de
Montag bis Freitag: 8 bis 19 Uhr
Samstag: 10 bis 18 Uhr

 18 *Ludwigsvorstadt-Isarvorstadt*

Man versus Machine Coffee Roasters
Müllerstr. 23, 80469 München
Adalbertstraße 10, 80799 München
Tel. 089-80046681;
www.mvsmcoffee.com
Montag bis Freitag: 8 bis 18 Uhr
Samstag: 9 bis 19 Uhr

 19 *Ludwigsvorstadt-Isarvorstadt*

Rösterei & Café gangundgäbe
Kapuzinerstr. 12, 80337 München,
Tel. 089-55278343;
www.gang-und-gaebe.de
Montag, Mittwoch,
Donnerstag: 8 bis 17 Uhr
Dienstag, Freitag: 12 bis 17 Uhr

20 *Maxvorstadt*

Café Barer 61
Barer Straße 61, 80799 München,
Tel. 089-32602496;
www.barer61.de
Montag bis Freitag: 7 bis 22 Uhr
Samstag und Sonntag: 8 bis 22 Uhr

 21 *Maxvorstadt*

Café Dinatale
Amalienstraße 71, 80799 München,
Tel. 089-20355816;
Montag bis Samstag: 7 bis 18 Uhr
Veterinärstraße 4, 80539 München,
Tel. 089-32499966;
Montag bis Samstag: 7 bis 18 Uhr
Sonntag: 8 bis 18 Uhr
www.dinatale-cafe.de

 22 *Maxvorstadt*

Café im Vorhoelzer Forum
Institutsbau, Arcisstraße 21/Raum 5170,
80333 München, Tel. 0163/1524758;
www.vf.ar.tum.de/cafe
Montag bis Sonntag: 9 bis 19 Uhr

 23 *Maxvorstadt*

Café Jasmin
Steinheilstraße 20, 80333 München,
Tel. 089-45227406;
www.cafe-jasmin.com
Montag bis Sonntag: 10 bis 1 Uhr

 24 *Maxvorstadt*

Café Katzentempel
Türkenstraße 29, 80799 München,
Tel. 089-20061249;
www.katzentempel.de
Montag bis Freitag: 11 bis 20 Uhr
Samstag: 10 bis 20 Uhr
Sonntag: 10 bis 18 Uhr

25 *Maxvorstadt*

Café Lotti
Schleißheimer Str. 13, 80333 München,
Tel. 089-61519197;
www.e-lotti.lotti-muenchen.de
Montag bis Sonntag: 10 bis 18 Uhr

 29 *Maxvorstadt*

Präzisionskaffee Mahlefitz
Nymphenburger Str. 51, 80335 München,
Tel. 089-45213763;
www.mahlefitz.de
Montag bis Freitag: 8 bis 18 Uhr
Samstag: 10 bis 18 Uhr
Sonntag: 13 bis 18 Uhr

 26 *Maxvorstadt*

Café und Kaffee Wiener's
Adalbertstraße 25, 80799 München,
Tel. 089-28787855
Münchener Straße 27 (Rösterei & Café),
82319 Starnberg, Tel. 08151-268284
weitere Standorte siehe wwww.wieners.de
Montag bis Freitag: 9 bis 20 Uhr
Samstag: 9 bis 19 Uhr

 30 *Milbertshofen / Am Hart*

aab coffee roastery
Schleißheimer Str. 187A, 80797 München,
Tel. 089-41411118;
www.facebook.com/aab.coffee
Dienstag bis Sonntag: 10 bis 18 Uhr

 27 *Maxvorstadt*

Kaffeewirtschaft San Lucas
Augustenstr. 113, 80798 München;
www.facebook.com/sanlucaskaffeewirt-
schaft
Montag bis Freitag: 7:30 bis 18 Uhr
Samstag: 9 bis 18 Uhr

 31 *Neuhausen*

Kaffee Espresso & Barista
Schlörstraße 11, 80634 München,
Tel. 089-16783878;
www.kaffee-espresso-barista.com
Montag bis Freitag: 7 bis 19 Uhr
Samstag: 8:30 bis 18 Uhr

28 *Maxvorstadt*

Lesecafé Lost Weekend
Schellingstraße 3, 80779 München,
Tel. 089-2870188;
www.lostweekend.de
Montag bis Freitag: 8 bis 20 Uhr
Samstag: 10 bis 20 Uhr
Sonntag: 8 bis 20 Uhr

32 *Neuhausen-Nymphenburg*

Café Milch & Honig
Heideckstraße 16-18, 80637 München,
Tel. 089-15923620;
www.cafemilchundhonig.de
Montag bis Freitag: 7:30 bis 17:30 Uhr
Samstag und Sonntag: 8 bis 17 Uhr

33 *Neuhausen-Nymphenburg*

Kaffee Espresso Kolonial
Donnersbergerstr. 39, 80634
München, Tel. 089-20060566;
www.kaffee-espresso-kolonial.de
Montag bis Freitag: 7 bis 19 Uhr
Samstag: 8 bis 18 Uhr

 **37** *Schwabing-Freimann*

necado Kaffeeladen
Isabellastraße 48, 80796 München,
Tel. 089-21580554;
www.necado.de
Dienstag bis Freitag: 7:15 bis 14:30 Uhr
Samstag: 9:15 bis 16:30 Uhr

 34 *Schwabing-Freimann*

Delmocca Kaffeerösterei
Clemensstraße 20, 80803 München,
Tel. 089-20323051;
www.delmocca.de
Montag bis Freitag: 7:30 bis 18 Uhr
Samstag: 10 bis 18 Uhr
Sonntag: 13 bis 18 Uhr

 38 *Sendling-Westpark*

Café Himmelherrgott
Waldfriedhofstr. 105, 81377 München,
Tel. 0163-7393603;
www.himmelherrgott.de
Montag: 11 bis 18 Uhr
Mittwoch bis Samstag: 11 bis 18 Uhr
Sonntag: 13 bis 18 Uhr

 35 *Schwabing-Freimann*

Café Krenn's
Hiltenspergerstraße 24, 80798 München,
Tel. 0176/24892835;
www.facebook.com/pages/Krenns-Ca-
fe/1411160195873097
Dienstag bis Sonntag: 10 bis 18 Uhr

 39 *Untergiesing-Harlaching*

Caffè Fausto
Birkenleiten 41, 81543 München,
Tel. 089-62231113;
www.caffe-fausto.de
Montag bis Freitag: 11 bis 19 Uhr
Samstag: 10 bis 17 Uhr

 36 *Schwabing-Freimann*

Jb Kaffee am Standl 20
Elisabethmarkt, Elisabethplatz
Stand Nr. 20, 80796 München,
Tel. 089-45231425;
www.standl20.de
Montag bis Samstag: 8:30 bis 17 Uhr

40 *Westend*

Ladencafé Marais
Parkstraße 2, 80339 München,
Tel. 089-50094552;
www.cafe-marais.de
Dienstag bis Samstag: 8 bis 20 Uhr
Sonntag: 10 bis 18 Uhr

 **41** *Andechs / Erling*

Andechser Kaffeerösterei
Herrschinger Str. 21,
82346 Andechs-Erling,
Tel. 08152-9986575;
www.andechser-kaffeeroesterei.de
Mittwoch bis Freitag: 8:30 bis 12 Uhr
und 14:30 bis 18 Uhr
Samstag: 8:30 bis 13 Uhr

 **45** *Garmisch-Partenkirchen*

Wildkaffee
Bahnhofstraße 40,
82467 Garmisch-Partenkirchen,
Tel. 08821-7088654;
www.wild-kaffee.de
Montag bis Freitag: 7:30 bis 18 Uhr
Samstag: 10 bis 16 Uhr

 **42** *Augsburg*

Kaffeerösterei Samocca
Hermanstraße 8, 86150 Augsburg,
Tel. 0821-455264-0;
www.samocca-augsburg.de
Dienstag bis Samstag: 9 bis 18 Uhr
Sonntag: 10 bis 17:30 Uhr

46 *Geltendorf*

Röstwerk Geltendorf
Bahnhofstr. 67, 82269 Geltendorf,
Tel. 08193-7561;
www.roestwerk.com
Donnerstag und Freitag:
14:30 bis 18:30 Uhr
Samstag: 9 bis 14 Uhr

43 *Dießen am Ammersee*

Kaffeeladen Bohne 37
Weilheimer Str. 9,
86911 Dießen am Ammersee,
Tel. 08807-2759637;
www.bohne37.de
Dienstag bis Freitag: 9 bis 18 Uhr

47 *Glonn / Aßling*

Kaffeemanufaktur Martermühle
Martermühle 1, 85617 Aßling,
Tel. 08092-2470868;
www.martermuehle.de
Montag bis Samstag: 8:30 bis 18 Uhr

44 *Feldmoching-Hasenbergl*

Schneid-Kaffee
Feldmochinger Str. 378, 80995 München,
Tel. 089-3144848;
www.schneid-kaffee.de
Montag bis Freitag: 8 bis 18 Uhr
Samstag: 9 bis 13 Uhr

 48 *Glonn / Herrmannsdorf*

Merchant & Friends Coffee Roaster
Herrmannsdorf 6, 85625 Glonn,
Tel. 08093-901396;
www.merchantandfriends.com
Montag bis Freitag: 8 bis 13 Uhr
und 14 bis 18 Uhr
Samstag und Sonntag: 11 bis 17 Uhr

ADRESSENÜBERSICHT

49 *Mammendorf*

Café Fino
Oskar-von-Miller-Straße 15,
82291 Mammendorf, Tel. 08145-951525;
Mo., Di., Do., Fr.: 9 bis 18 Uhr
Mi. und Sa.: 9 bis 13 Uhr
Schöngeisinger Str. 29,
82256 Fürstenfeldbruck,
Tel. 08141-534220;
Mo. bis Fr. 9 bis 18 Uhr, Sa.: 9 bis 14 Uhr

 **52** *Rosenheim*

Kolla Kaffee
Im Klepperpark 18f, 83026 Rosenheim,
Tel. 08031-2087032;
www.kolla-kaffee.de
Dienstag bis Freitag: 10 bis 18 Uhr
Samstag: 10 bis 16 Uhr

 50 *Murnau am Staffelsee*

Murnauer Kaffeerösterei
Am Mösl 4, 82418 Murnau am Staffelsee,
Tel. 08841-4895033;
www.murnauer-kaffeeroesterei.com/shop
Dienstag bis Donnerstag: 14 bis 17 Uhr
Freitag: 10 bis 18 Uhr
Samstag: 10 bis 16 Uhr

 53 *Unterhaching*

Supremo Kaffeerösterei
Kapellenstraße 9, 82008 Unterhaching,
Tel. 089-2020868701;
www.supremo-kaffee.de
Montag bis Freitag: 9 bis 18 Uhr

51 *Neuried*

Neuried 51
Kaffeewerkstatt München
Planegger Str. 1, 82061 Neuried,
Tel. 089-82956920;
www.kaffeewerkstatt-muenchen.de
Dienstag bis Freitag: 9 bis 18 Uhr
Samstag: 9:30 bis 13 Uhr

Impressum

© Süddeutsche Zeitung GmbH,
für die Süddeutsche Zeitung Edition 2017

Autorin
Petra Kratzert

Fotos
Petra Kratzert

Gestaltung und Layout
Markus Keller, Weidemeyer Keller Branding

Illustrationen
Claudia Klein

Infografik
Andrea Burgmann,
Sarah Unterhitzenberger

Projektmanagement
Till Brömer

Repro
LUDWIG: media gmbH, Zell am See

Herstellung
Hermann Weixler, Thekla Licht

Druck- und Bindearbeiten
CPI – Ebner & Spiegel, Ulm

Printed in Germany
ISBN : 978-3-86497-383-3

NOTIZEN

von Petra Kratzert

KAFFEEHAUS MÜNCHEN

Röstereien, Cafés und schöne Plätze